ビジュアル版 日英仏 3言語

Illustrated Universal Declaration of Human Rights
Rien à déclarer? Si! Les droits de l'homme

世界人権宣言

国際基督教大学 英訳
International Christian University
[English translation]

遠藤ゆかり 日訳
Yukari Endo [Japanese translation]

CAROLE TRÉBOR
& MARC LIZANO

創元社

宣言したいことは、ありますか？

はい、あります！
人権宣言です。

『世界人権宣言』の名前は、誰もが知っているだろう。しかし、この宣言を実際に読んだことがある人、さらには内容まできちんと理解している人は、それほどいないはずである。

　そこで本書は、30条からなるこの重要な宣言を、イメージが呼びさます力に満ちたイラストを手がかりに、読みなおすことを提案する。

　本書の試みに賛同した32人の現代アーティストが、自由、平等、教育、私生活など、人類共通の遺産の柱となる『世界人権宣言』の条文を視覚的に表現した。さらに、各条文に掲げられた重要なテーマを掘り下げ、反啓蒙主義との戦いを記録に残すため、古今の作家、哲学者、政治家たちによる珠玉の文章を紹介している。

Nothing to declare?

Yes! Human rights.

The Universal Declaration of Human Rights ... A founding text whose name everyone knows; but who has really read it, and above all, understood it properly?

This is why this book proposes to re-read these 30 important articles using illustrations that draw on the strength of image.

Here thirty-two contemporary artists have given themselves to the task of interpreting and giving substance to this fundamental text, a pillar of our universal heritage. Freedom, equality, education, private life ... so many essential themes are here clarified through a selection of texts by writers, philosophers and politicians of yesterday and today. In so doing, they delve deeper into the true significance of the important themes contained therein and give new voice to the struggle against obscurantism.

Rien à déclarer?

Si ! Les droits de l'Homme

La Déclaration Universelle des Droits de l'Homme… Un texte fondateur, dont tout le monde connaît le titre, mais qui peut se vanter de l'avoir déjà lu, et surtout, saisi en profondeur?

C'est pour cela que cet ouvrage se propose de relire ces 30 articles capitaux à la lumière d'illustrations qui rappellent, dans le contexte actuel, l'importance et la force de l'image. 32 artistes contemporains se prêtent au jeu de l'interprétation et donnent corps à ce texte essentiel, pilier de notre patrimoine universel. Liberté, égallité, éducation, vie privée… Autant de thèmes essentiels également explicités au travers d'une sélection de textes d'écrivains, philosophes ou hommes politiques d'hier et d'aujourd'hui, pour prolonger la réflexion et ainsi perpétuer la lutte contre les obscurantismes.

目　次
Table of Contents

———

レベッカ・ドートゥルメール	Rébecca Dautremer
クリストフ・ロートレット	Christophe Lautrette
カルロス・フェリペ・レオン	Carlos Felipe León
カミーユ・アンドレ	Camille André
マエル・グルムラン	Maël Gourmelen
リュリュ・ダルディス	Lulu d'Ardis
アレクサンドル・ピュヴィラン	Alexandre Puvilland
カロリーヌ・ピオション	Caroline Piochon
シリル・ベルタン	Cyrille Bertin
ルイ・トマ	Louis Thomas
リュノ	Reuno
シルヴァン・フレコン	Sylvain Frécon
セバスチャン・ムラン	Sébastien Mourrain
マルク・ブタヴァン	Marc Boutavant
クネス	Kness
リオネル・リシュラン	Lionel Richerand
モーモン	Maumont
リュック・デマルシュリエ	Luc Desmarchelier
アリーヌ・ビュロー	Aline Bureau
マルク・リザノ＆キャロル・トレボー	Marc Lizano et Carole Trébor
グレゴリー・ブロ	Grégory Blot
ジュリアン・ロシール	Julien Rossire
ヤスミーヌ・ガトー	Yasmine Gateau
ニコラ・バニステール	Nicolas Bannister
ジェラルド・ゲルレ	Gérald Guerlais
パスカル・ヴァルデス	Pascal Valdés
セバスチャン・プロン	Sébastien Pelon
ニコラ・デュフォー	Nicolas Duffaut
ベアトリス・ブーロトン	Béatrice Bourloton
ジャッジ	Jazzi
ピエール・アラリー	Pierre Alary

前 文

（1948年12月10日、国際連合総会）

———

人類社会のすべての人に、
それぞれ固有の尊厳と、
平等で奪うことのできない権利があることを認めるのは、
世界における自由と正義と平和の基礎なので、

人権の無視と軽蔑が
人間の良心に逆らう野蛮な行為をもたらし、
人びとが言論と信仰の自由を得て
恐怖と欠乏から解放される
世界の実現が人類最高の願望として宣言されたので、

専制と抑圧に対する最後の手段として
人びとが反乱に訴えることがないようにするためには、
法の支配によって人権を保護することが不可欠なので、

諸国間の友好関係の発展を促進することが不可欠なので、

国際連合の諸国民は、国際連合憲章で、
基本的人権、人間の尊厳と価値、
男女同権についての信念を再確認し、
よりいっそう大きな自由のなかで
社会的進歩と生活水準の向上を促進することを決意したので、

加盟国は、国際連合と協力して、
人権と基本的自由をすべての点で
実際に尊重することを約束したので、

これらの権利と自由に対する共通の理解は、
この約束を完全にはたすためにもっとも重要なので、

国際連合総会は、社会の各個人と各機関が、
この世界人権宣言をたえず心に留めながら、
加盟国自身の国民のあいだでも、
加盟国の管轄下にある地域の人びとのあいだでも、
指導と教育によってこれらの権利と自由の尊重を推進し、
それらの普遍的で効果的な承認と実践を、
国内的、国際的な段階的措置によって
確かなものとするために努力するよう、
すべての人とすべての国が到達すべき共通の理想として
この世界人権宣言を公布する。

Preamble

(*December 10th, 1948, United Nations General Assembly*)

———

Whereas recognition of the inherent dignity and of the equal and inalienable rights of all members of the human family is the foundation of freedom, justice and peace in the world,

Whereas disregard and contempt for human rights have resulted in barbarous acts which have outraged the conscience of mankind, and the advent of a world in which human beings shall enjoy freedom of speech and belief and freedom from fear and want has been proclaimed as the highest aspiration of the common people,

Whereas it is essential, if man is not to be compelled to have recourse, as a last resort, to rebellion against tyranny and oppression, that human rights should be protected by the rule of law,

Whereas it is essential to promote the development of friendly relations between nations,

Whereas the peoples of the United Nations have in the Charter reaffirmed their faith in fundamental human rights, in the dignity and worth of the human person and in the equal rights of men and women and have determined to promote social progress and better standards of life in larger freedom,

Whereas Member States have pledged themselves to achieve, in co-operation with the United Nations, the promotion of universal respect for and observance of human rights and fundamental freedoms,

Whereas a common understanding of these rights and freedoms is of the greatest importance for the full realization of this pledge,

Proclaims this Universal Declaration of Human Rights as a common standard of achievement for all peoples and all nations, to the end that every individual and every organ of society, keeping this Declaration constantly in mind, shall strive by teaching and education to promote respect for these rights and freedoms and by progressive measures, national and international, to secure their universal and effective recognition and observance, both among the peoples of Member States themselves and among the peoples of territories under their jurisdiction.

Préambule

(*10 décembre 1948, Organisation des Nations Unies*)

———

Considérant que la reconnaissance
de la dignité inhérente à tous les membres
de la famille humaine et de leurs droits
égaux et inaliénables constitue le fondement
de la liberté, de la justice et de la paix
dans le monde.

Considérant que la méconnaissance
et le mépris des droits de l'homme ont conduit
à des actes de barbarie qui révoltent
la conscience de l'humanité et que l'avènement d'un monde
où les êtres humains seront libres de parler et de croire,
libérés de la terreur et de la misère, a été proclamé
comme la plus haute aspiration de l'homme.

Considérant qu'il est essentiel que les droits
de l'homme soient protégés par un régime
de droit pour que l'homme ne soit pas contraint,
en suprême recours,
à la révolte contre la tyrannie et l'oppression.

Considérant qu'il est essentiel
d'encourager le développement de relations amicales
entre nations.

Considérant que dans la Charte
les peuples des Nations Unies
ont proclamé à nouveau leur foi
dans les droits fondamentaux de l'homme,
dans la dignité et la valeur de la personne humaine,
dans l'égalité des droits des hommes et des femmes,
et qu'ils se sont déclarés résolus à favoriser
le progrès social et à instaurer de meilleures conditions
de vie dans une liberté plus grande.

Considérant que les États Membres
se sont engagés à assurer, en coopération
avec l'Organisation des Nations Unies,
le respect universel et effectif des droits de l'homme
et des libertés fondamentales.

Considérant qu'une conception commune
de ces droits et libertés est de la plus
haute importance pour remplir pleinement
cet engagement.

L'Assemblée générale proclame la présente
Déclaration universelle des droits de l'homme
comme l'idéal commun à atteindre par tous les peuples
et toutes les nations afin que tous les individus
et tous les organes de la société,
ayant cette Déclaration constamment à l'esprit,
s'efforcent, par l'enseignement et l'éducation,
de développer le respect de ces droits et libertés
et d'en assurer, par des mesures progressives
d'ordre national et international,
la reconnaissance et l'application universelles
et effectives, tant parmi les populations
des États Membres eux-mêmes que parmi celles
des territoires placés sous leur juridiction.

第1条
Article 1

すべての人間は、
生まれたときから自由で、
尊厳と権利の点で平等である。
人間は理性と良心を備えており、
たがいに友愛の精神で
行動しなければならない。

All human beings are born free and
equal in dignity and rights. They are
endowed with reason and conscience
and should act towards one another
in a spirit of brotherhood.

Tous les êtres humains naissent libres
et égaux en dignité et en droits. Ils
sont doués de raison et de conscience
et doivent agir les uns envers les
autres dans un esprit de fraternité.

イラスト | **クリストフ・ロートレット** *Christophe Lautrette*

「人間は、自由で、権利の点で平等なものとして生まれ、存在している。社会的な差別が行なわれるのは、共同の利益にもとづく場合だけである」

1789年の人間と市民の権利の宣言、第1条

"All people are born and remain free and equal in rights. Social distinctions can be founded only on their common benefits."

Declaration of the Rights of Man and of the Citizen of 1789, Article 1.

« Les hommes naissent et demeurent libres et égaux en droits. Les distinctions sociales ne peuvent être fondées que sur l'utilité commune. »

Déclaration des droits de l'homme et du citoyen de 1789, article premier.

「共和国の標語は、それが意味するもの、それがもたらすものを見事にいいあらわしている。言葉のグラデーションは完璧だ。自由、平等、友愛。これ以上、なにもつけ加えるべきものはなく、削るべきものもない。これらは、至高の階段の3つの段である。自由は権利、平等は事実、友愛は義務。人の一切がここにある。(略)

　幸せな人びとは、不幸せな人びとという不幸を背負わなければならない。社会におけるエゴイズムから、墓場への道がはじまる。われわれは生き、心をひとつにして、巨大な人類になろう。(略)

　苦しみはすべておもてにあらわれ、個々の悲しみは社会のなかで血を流す。ひとりぼっちの人などいない。みなの心の琴線がともに震え、ひとつになる。子どもたちは大人にとって神聖なものでなければならず、すべての弱者の権利からすべての強者の義務ができている。そういうことなのだ」

ヴィクトル・ユゴー
『権利と法律』　1875年6月

"The republic formula admirably knew what it said and did. Here, we see that the gradation of the social axiom is irreproachable. Liberty, Equality, Fraternity. Nothing to add. Nothing to take away. These are the three steps of the supreme march. Liberty is the right. Equality is the fact. Fraternity is the duty. All humanity is there. […] The existence of unfortunate people is the misfortune of

the fortunate. Social egoism leads to the sepulcher. Come and unite our hearts to live together as one. […]
All that suffer accuse, all that cry in the individual bleed in society, no one is alone, all the fibres wriggle together and interweave, the small must be sacred to big, and it's of the right of the weak that the duty of all the strong is composed of. I said."

Victor Hugo, *The Rights and the Law*, June 1875.

« La formule républicaine a su admirablement ce qu'elle disait et ce qu'elle faisait; la gradation de l'axiome social est irréprochable. Liberté, Égalité, Fraternité. Rien à ajouter, rien à retrancher. Ce sont les trois marches du perron suprême. La liberté, c'est le droit, l'égalité, c'est le fait, la fraternité, c'est le devoir. Tout l'homme est là. […]

Les heureux doivent avoir pour malheur les malheureux. L'égoïsme social est un commencement de sépulcre. Voulons-nous vivre, mêlons nos cœurs, et soyons l'immense genre humain. […]
Tout ce qui souffre accuse, tout ce qui pleure dans l'individu saigne dans la société, personne n'est tout seul, toutes les fibres vivantes tressaillent ensemble et se confondent, les petits doivent être sacrés aux grands, et c'est du droit de tous les faibles que se compose le devoir de tous les forts. J'ai dit. »

Victor Hugo, *Le Droit et la Loi*, juin 1875.

「自然的平等（「自然権」）とは、すべての人が生まれつきもっている性質だけを理由に、すべての人のあいだに存在する平等のことである。この『平等』は、自由の原則と根拠になっている。

　つまり、『自然的平等』あるいは『精神的平等』は、みな同じように、生まれ、成長し、生き、死ぬ、という、すべての人間に共通する人間本来の性質の構造を土台としている」

ルイ・ド・ジョクール
「自然的平等」、『百科全書、または学問・芸術・工芸の合理的辞典』、ディドロ＆ダランベール編
1751 〜 72年

"Natural equality (Natural Right) is the one between all humans by the constitution of their nature solely. This equality is the principle and the foundation of liberty. Natural or moral equality is therefore founded on the constitution of human nature, common to all humans, who are born, grow, subsist and die in the same manner."

Louis de Jaucourt, "Natural Equality", *Encyclopedia, or a Systematic Dictionary of the Sciences, Arts, and Crafts*, edited by Diderot & d'Alembert, 1751-1772.

« Égalité naturelle (Droit naturel) est celle qui est entre tous les hommes par la constitution de leur nature seulement. Cette égalité est le principe et le fondement de la liberté.
L'égalité naturelle ou morale est donc fondée sur la constitution de la nature humaine commune à tous les hommes, qui naissent, croissent, subsistent et meurent de la même manière. »

Louis de Jaucourt, « Égalité naturelle », *Encyclopédie ou Dictionnaire raisonné des sciences, des arts et des métiers*, sous la direction de Diderot et d'Alembert, 1751-1772.

「機会均等とは、ただ運や不運だけに支配される権利ではない。それは、誰もが自分の能力を示し、才能を生かし、自分の弱さを一部だけでも克服することができる平等の権利である。それは、それぞれができる範囲で、ふさわしく成功する権利である。それは、自分の出身、境遇、地位にとらわれたままでいることのない権利である。それは現在の平等であり、未来に向けた平等である。それは、そうなる方法を自分で手に入れることで、自由でいる権利である。それは予期された正義、そして先どりする正義といえる。つまり、それは過去の不正とさらには現在の不正から、できるかぎり未来を守ることなのだ。しかし、それを完全に実現させることはできない。だからこそ、実現に近づけるよう、たえず努力する必要がある」

アンドレ・コント＝スポンヴィル
「機会均等」、『共和主義案内』　2004年

"Equality of opportunity is the right not to depend exclusively on chance, nor on misfortune. It is the equal right, for each one of us, to show our abilities, exploit our talents, and to overcome , at least partially, our weaknesses. It is the right to succeed, as much as we can and as much as we deserve. It is the right not to be prisoner of one's origin, environment, and status. It is the equality of now, and equality for the future. It is the right to be free, by giving oneself the means to be so. It is like an anticipated and an anticipatory justice: it is to protect the future as much as possible from injustice of the past and even of the present. We never really get there. Which is all the more reason to always strive to get closer to its realization."

André Comte-Sponville "Equality of Opportunity," *Republic Guide*, 2004

« L'égalité des chances, c'est le droit de ne pas dépendre exclusivement de la chance, ni de la malchance. C'est le droit égal, pour chacun, de faire ses preuves, d'exploiter ses talents, de surmonter, au moins partiellement, ses faiblesses. C'est le droit de réussir, autant qu'on le peut et qu'on le mérite. C'est le droit de ne pas rester prisonnier de son origine, de son milieu, de son statut. C'est l'égalité, mais actuelle, face à l'avenir. C'est le droit d'être libre, en se donnant les moyens de le devenir. C'est comme une justice anticipée, et anticipatrice : c'est protéger l'avenir, autant que faire se peut, contre les injustices du passé, et même du présent. On n'y parvient jamais tout à fait. Raison de plus pour s'efforcer toujours de s'en approcher. »

André Comte-Sponville, « L'égalité des chances », *Guide républicain*, 2004.

第2条
Article 2

1. 誰もが、人種、肌の色、性別、言語、宗教、政治的意見やそのほかすべての意見、民族や社会的出身、財産、家柄やそのほかの地位などを理由にしたどのような差別も受けることなく、この宣言に掲げるすべての権利と自由を主張することができる。
2. さらに、個人が属する国や地域が、独立国であろうと、信託統治領であろうと、非自治領であろうと、なんらかの主権制限を受けていようと、その国や地域の政治的地位、法的地位、国際的地位にもとづくどのような差別も受けることはない。

1. Everyone is entitled to all the rights and freedoms set forth in this Declaration, without distinction of any kind, such as race, colour, sex, language, religion, political or other opinion, national or social origin, property, birth or other status.
2. Furthermore, no distinction shall be made on the basis of the political, jurisdictional or international status of the country or territory to which a person belongs, whether it be independent, trust, non-self-governing or under any other limitation of sovereignty.

1. Chacun peut se prévaloir de tous les droits et de toutes les libertés proclamés dans la présente Déclaration, sans distinction aucune, notamment de race, de couleur, de sexe, de langue, de religion, d'opinion politique ou de toute autre opinion, d'origine nationale ou sociale, de fortune, de naissance ou de toute autre situation.
2. De plus, il ne sera fait aucune distinction fondée sur le statut politique, juridique ou international du pays ou du territoire don't une personne est ressortissante, que ce pays ou territoire soit indépendant, sous tutelle, non autonome ou soumis à une limitation quelconque de souveraineté.

イラスト内訳：人権
Illustration translation : Human Rights

イラスト | **カルロス・フェリペ・レオン** *Carlos Felipe León*

「私はいま、まだ人権と基本的自由をもっていないすべての人のほうを向いています。（略）というのも、私たちは自分たちのためだけではなく、人類全体のためにこの仕事をしたからです」

ルネ・カサン
世界人権宣言の採択前日に国際連合総会で行なった演説　1948年12月9日

"I am turning to all people who have yet to possess human rights and fundamental freedom, […] for we worked not only for ourselves, but also for the entire humankind."

René Cassin, Speech in the United Nations general assembly on the day before adopting the Universal Declaration of Human Rights, December 9th, 1948.

«Je me tourne en ce moment vers tous les peuples qui ne sont pas encore dotés des droits et des libertés fondamentaux de l'homme, […] car nous n'avons pas travaillé pour nous seuls, nous avons travaillé pour l'humanité tout entière.»

René Cassin, discours à l'Assemblée générale des Nations Unies à la veille du vote de la Déclaration universelle, 9 décembre 1948.

「人びとのあいだには、違いがある。しかし、だからといって、すぐれた人と劣った人がいるという結論にはならない。違いと不平等を混同しないことだ」

ジャン・ロスタン（1894〜1977年）

"There are differences amongst people. However, it cannot be concluded that some are superior while others are inferior. We should not confuse difference and inequality."

Jean Rostand (1894~1977).

«Ce n'est pas parce qu'il y a effectivement des différences entre les hommes qu'il faut conclure à la suprématie des uns et à l'infériorité des autres. Il ne faut pas confondre différence et inégalité.»

Jean Rostand (1894-1977).

「女性の平等が完全に認められれば、この上なく確かな文明の証拠となるだろう。それは、人類の知的な力と幸福の可能性を倍増させるはずだ」

スタンダール
『ローマ、ナポリ、フィレンツェ』　1817年

"When woman's admission to the equality is perfectly recognized, it would be the surest evidence of civilization. That would double the intellectual forces and the chance of happiness of humankind."

Stendhal, *Rome, Naples, and Florence*, 1817.

«L'admission de la femme à l'égalité parfaite serait la marque la plus sûre de la civilisation ; elle doublerait les forces intellectuelles du genre humain et ses chances de bonheur.»

Stendhal, *Rome, Naples et Florence*, 1817.

「人間が生まれつきもっている性質はすべての人に平等で、それは理性のためにできている。われわれは功績によってだけ区別されなければならず、理性によって導かれる必要がある。しかし、罪を犯した人びとと彼らの子孫のなかに、欲望が残された。人間は、生まれつきみな平等なのに、理性という同じ法則にもとづく平等の社会をつくることをやめた。（略）つまり、罪がこの世に身分や状況の違いをもたらした。というのも、罪、あるいは欲望を仮定すれば、必然的にこのような違いが生じるからだ。理性そのものが、そのことを望んでいる。なぜなら、力は理性に従わなくなった人びとを味方につけるための法則だからである」

ニコラ・マルブランシュ
『道徳論』 1684年

"As human nature, constituted for the Reason, is equal to all people, we must be distinguished from each other only by our achievements; therefore, we must be guided by reason. However, as sin has left concupiscence in the people who committed it and their descendants, human beings, although innately equal, ceased to form an equal society built upon the same law: Reason. […] Thus, it is the sin that introduced differences of status and condition in this world. Because once the sin, the concupiscence, is supposed, it will bring necessarilly theses differences. The Reason itself admits it because force is a law that can make obey those who no longer follow Reason."

Nicolas Malebranche, *Treatise on Ethics*, 1684.

«La nature humaine étant égale dans tous les hommes, et faite pour la Raison, il n'y a que le mérite qui devrait nous distinguer, et la Raison nous conduire. Mais le péché ayant laissé la concupiscence dans ceux qui l'ont commis, et dans leurs descendants, les hommes, quoique naturellement tous égaux, ont cessé de former entre eux une société d'égalité sous une même loi, la Raison. […] C'est donc le péché qui a introduit dans le monde la différence des qualités ou des conditions : car le péché, ou la concupiscence supposée, c'est une nécessité qu'il y ait de ces différences. La Raison même le veut ainsi ; parce que la force est une loi qui doit ranger ceux qui ne suivent plus la Raison.»

Nicolas Malebranche, *Traité de morale*, 1684.

第**3**条
Article 3

すべての人は、
生命と自由と身体の安全に対する
権利をもっている。

Everyone has the right to life,
liberty and security of person.

Tout individu a droit à la vie, à
la liberté et à la sûreté de sa
personne.

イラスト｜**カミーユ・アンドレ** *Camille André*

22

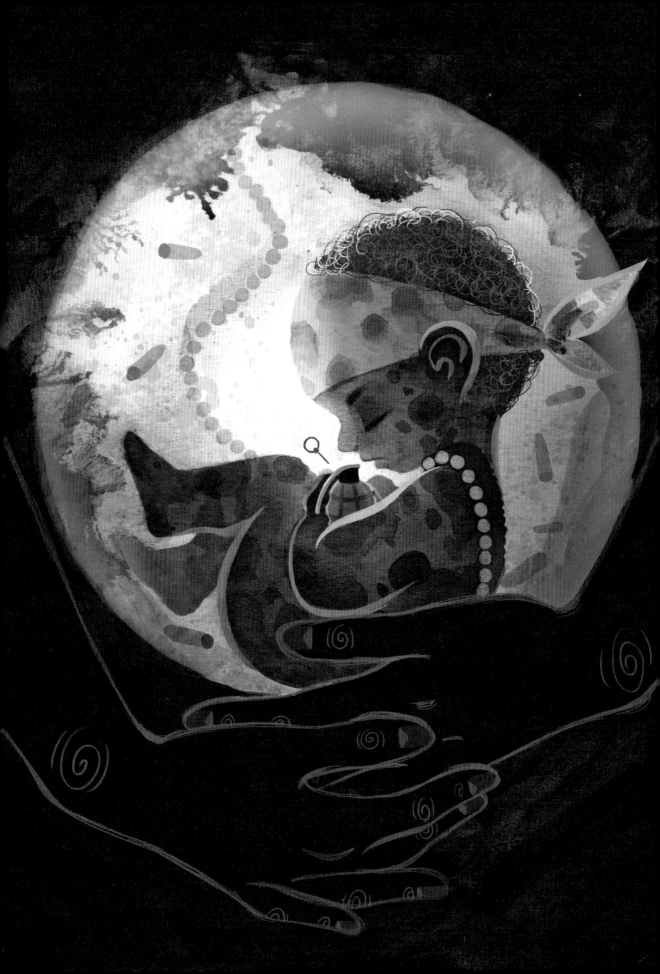

「たしかに、自由がひとつの問題としてではなく、日常生活のひとつの事実としてこれまでずっと認められてきたのは、政治の分野においてである。（略）非政治的な内的自由の概念が思想の伝統におよぼした影響は大きかったが、もし、社会のなかで実際に触れることのできる現実として自由を経験していなかったら、内的自由についてなにも知ることはなかったと断言してよいと思われる。私たちが自由や自由と反対のものを自覚するようになるのは、最初は他人との関係によるもので、自分自身との関係によるものではない。自由は、思考の特性や意志の性質となる前に、自由な人の身分、つまり、移動することができ、家から出ることができ、社会のなかに入ることができ、行動や言葉によってほかの人びとと出会うことができる身分として理解された」

ハンナ・アーレント
「自由とはなにか」、『文化の危機』　1961年

"The field where freedom has always been known, not as a problem, to be sure, but as a fact of everyday life, is the political realm. [...] In spite of the great influence the concept of an inner, nonpolitical freedom has exerted upon the tradition of thought, it seems safe to say that man would know nothing of inner freedom if he had not first experienced a condition of being free as a worldly tangible reality. We first become aware of freedom or its opposite in our intercourse with others, not in the intercourse with ourselves. Before it became an attribute of thought or a quality of the will, freedom was understood to be a free man's status, which enabled him to move, to get away from home, to go out into the world and meet other people in deed and word."

Hannah Arendt, "What is Freedom?", *The Crisis in Culture*, 1961.

« Le champ où la liberté a toujours été connue, non comme un problème certes, mais comme un fait de la vie quotidienne, est le domaine politique. […] En dépit de la grande influence que le concept d'une liberté intérieure non politique a exercée sur la tradition de la pensée, il semble qu'on puisse affirmer que l'homme ne saurait rien de la liberté intérieure s'il n'avait d'abord expérimenté une liberté qui soit une réalité tangible dans le monde. Nous prenons conscience d'abord de la liberté ou de son contraire dans notre rapport avec d'autres, non dans le commerce avec nous-mêmes. Avant de devenir un attribut de la pensée ou une qualité de la volonté, la liberté a été comprise comme le statut de l'homme libre, qui lui permettait de se déplacer, de sortir de son foyer, d'aller dans le monde et de rencontrer d'autres gens en actes et en paroles. »

Hannah Arendt, « Qu'est-ce que la liberté ? », *La Crise de la culture*, 1961.

「人間が『生まれながらにもっている当然の』自由、それは、この地上でどのような君主の力も認めないこと、それがどのようなものであっても法的な権威にまったく縛られないことで、自然の法則にだけ従うことである。『社会における』自由は、共同体の合意によって定められた法の力に従うことで、とくにひとりの人間の気まぐれや、不確かで変わりやすい勝手な意志に従属することではない」

ルイ・ド・ジョクール
「隷属」、『百科全書、または学問・芸術・工芸の合理的辞典』、ディドロ&ダランベール編
1751〜72年

"The natural freedom of human beings is not to admit any sovereign power on the land, and not to be subjected to any legislative authority, but solely to follow the laws of Nature: the freedom in society is to be subject to a legislative power, established by the consent of the community, and not to be subject to the whimsical, uncertain, inconstant, and arbitrary will of a single person in particular."

Louis de Jaucourt, "Slavery", *Encyclopedia, or a Systematic Dictionary of the Sciences, Arts, and Crafts*, edited by Diderot & D'alembert, 1751-1772.

« La liberté naturelle de l'homme, c'est de ne connaître aucun pouvoir souverain sur la terre, et de n'être point assujettie à l'autorité legislative de qui que ce soit, mais de suivre seulement les lois de la Nature : la liberté dans la société est d'être soumis à un pouvoir législatif établi par le consentement de la communauté, et non pas d'être sujet à la fantaisie, à la volonté inconstante, incertaine et arbitraire d'un seul homme en particulier. »

Louis de Jaucourt, « Esclavage », *Encyclopédie ou Dictionnaire raisonné des sciences, des arts et des métiers*, sous la direction de Diderot et d'Alembert, 1751-1772.

「人間の生命の不可侵性、自由、平和、破棄できないものはなにもないこと、撤回できないものはなにもないこと、とりかえしがつかないものはなにもないこと。それが、権利である」

ヴィクトル・ユゴー
『権利と法律』 1875年6月

"The inviolability of human life, the liberty, the peace, nothing indissoluble, nothing irrevocable, nothing irreparable, that is the right."

Victor Hugo, *The Right and the Law*, June 1875.

« L'inviolabilité de la vie humaine, la liberté, la paix, rien d'indissoluble, rien d'irrévocable, rien d'irréparable; tel est le droit. »

Victor Hugo, Le Droit et la Loi, juin 1875.

「自由とは、他人の害にならないすべてのことができることをいう。つまり、誰もが生まれながらにもっている当然の権利を行使するにあたって、社会のほかの構成員が同じ権利を確実に行使できること以外に限界はない。この限界を定めることができるのは、法律だけである」

1789年の人間と市民の権利の宣言、第4条

"Freedom consists in being able to do all that does not harm others; thus, the exercise of the natural rights of every human has no limit but the one that ensures the enjoyment of those same rights to other members of society. Those limits can only be determined by the Law."

Declaration of the Rights of Man and of the Citizen of 1789, Article 4.

« La liberté consiste à pouvoir faire tout ce qui ne nuit pas à autrui: ainsi, l'exercice des droits naturels de chaque homme n'a de bornes que celles qui assurent aux autres Membres de la Société la jouissance de ces mêmes droits. Ces bornes ne peuvent être déterminées que par la Loi. »

Déclaration des droits de l'homme et du citoyen de 1789, article 4.

第**4**条
Article 4

誰もが奴隷にされたり、
隷属状態に置かれることはない。
奴隷制度や奴隷売買は、
どのような形であっても禁じられる。

No one shall be held in slavery or
servitude; slavery and the slave trade
shall be prohibited in all their forms.

Nul ne sera tenu en esclavage ni en
servitude ; l'esclavage et la traite des
esclaves sont interdits sous toutes
leurs formes.

イラスト | マエル・グルムラン *Maël Gourmelen*

「われわれのあいだにも奴隷がいればよいのに、という話を日常的に耳にする。しかし、このことについて正しく判断するためには、奴隷が各国の裕福で享楽的な一部の人にとって役に立つかどうかを検討すべきではない。おそらく、彼らにとっては役に立つだろう。しかし別の見方をすれば、国民のうち、自由な人びとと奴隷とをわけるためにくじ引きをするとしたら、そのくじを引きたい人は、裕福で享楽的な一部を構成するグループのなかには、誰ひとりとしていないと思われる。奴隷制度にもっとも賛成した人びとが、もっともそれを嫌がるだろう。もっとも貧しい人びとも、同じように嫌がるはずである。だから、奴隷制度に賛成する叫び声は、ぜいたくと快楽の叫び声で、万人の幸福に対する愛の叫び声ではない。人間はみな、個人的には、他人の財産、名誉、生命の支配者であることにおおいに満足し、あらゆる情熱は、まず最初にこのような考えによって呼びさまされることを、誰もが疑わないだろう。これらのことについて、各人の欲望が正当なものかどうかを知りたければ、すべての人の欲望を調べてみるといい」

モンテスキュー　『法の精神』　1748年

"We hear everyday that it would be good that there were slaves among us. However, to judge this correctly, we should not examine whether they would be useful to the small, rich and voluptuous section of every nation. Indubitably, they would be. But from another point of view, if we were to hold a lottery to choose who would be free and who would be slaves, it is unlikely that any of the wealthy and hedonistic group of people would want to draw the lottery. Those who agreed the most for the slavery system would hate slavery the most. And so do the most miserable. The call of slavery is therefore the call of luxury and volupty, but not the one of love of public felicity. No one can doubt that all human beings are personally satisfied with being the master of another's prosperity, honor, and life, and that all passions are first aroused by this idea. If you want to know whether each and every human's desires can be justified in these matters, you should examine the desires of all people."

Montesquieu, *The Spirit of the Laws*, 1748.

« On entend dire tous les jours, qu'il serait bon que parmi nous il y eût des esclaves. Mais, pour bien juger de ceci, il ne faut pas examiner s'ils seraient utiles à la petite partie riche et voluptueuse de chaque nation; sans doute qu'ils lui seraient utiles; mais prenant un autre point de vue, je ne crois pas qu'aucun de ceux qui la composent voulût tirer au sort, pour savoir qui devrait former la partie de la nation qui serait libre, et celle qui serait esclave. Ceux qui parlent le plus pour l'esclavage l'auraient le plus en horreur, et les hommes les plus misérables en auraient horreur de même. Le cri pour l'esclavage est donc le cri du luxe et de la volupté, et non pas celui de l'amour de la félicité publique. Qui peut douter que chaque homme en particulier ne fût très content d'être le maître des biens, de l'honneur et de la vie des autres, et que toutes ses passions ne se réveillassent d'abord à cette idée? Dans ces choses, voulez-vous savoir si les désirs de chacun sont légitimes? examinez les désirs de tous. »

Montesquieu, *De l'esprit des lois*, 1748.

「自分の自由を放棄することは、人間としての資格、人間の権利、そして人間の義務までも放棄することである。すべてを放棄する人には、どのような報いもありえない。このような放棄は、人間が生まれつきもっている性質と相いれない。また、自分の意志からすべての自由を奪うことは、自分の行為からすべての道徳性を奪うことである」

ジャン＝ジャック・ルソー
『社会契約論、あるいは政治的権利の原理』　1762年

"To renounce one's freedom is to renounce one's quality, rights, and even duties as a human. There is no possible compensation for whoever renounces everything. Such renunciation is incompatible with human nature, and to remove all freedom from one's will is to remove all morality from one's actions."

Jean-Jacques Rousseau, *The Social Contract, or Principles of Political Rights*, 1762.

« Renoncer à sa liberté, c'est renoncer à sa qualité d'homme, aux droits de l'humanité, même à ses devoirs. Il n'y a nul dédommagement possible pour quiconque renonce à tout. Une telle renonciation est incompatible avec la nature de l'homme, et c'est ôter toute moralité à ses actions que d'ôter toute liberté à sa volonté. »

Jean-Jacques Rousseau, *Du contrat social ou Principes du droit politique*, 1762.

「人間を奴隷にすること、人間を売り買いし、隷属状態に置くことは、まぎれもない犯罪、盗みよりも悪質な犯罪である。奴隷にすると、相手を身ぐるみはがすことになる。動産や不動産などすべての財産だけではなく、財産を手に入れる能力、また、自分の時間や力の所有権、自分の生命を維持したり必要なものを満たすために自然があたえてくれたすべてのものを相手から奪ってしまう。さらには、自分の思いどおりに生きる権利まで奪うというまちがいを犯すのである」

ニコラ・ド・コンドルセ
『ビエンヌの牧師シュヴァルツ氏による黒人奴隷制度に関する考察』 1788年

"Reducing human beings to slavery, buying them, selling them, and retaining them in servitude are all veritable crimes, and crimes worse than theft. Indeed, slaves are stripped of not only all their movable property and land, but also of their faculty to acquire them, and also of the property of their time, of their strengths, of everything nature gave them to conserve their lives or to satisfy their needs. And to this fault, we add another fault of stripping them of their rights to self-determination."

Nicolas de Condorcet, *Consideration on the System of Black Sravery by Mr. Schwartz, Pastor in Bienne*, 1788.

« Réduire un homme à l'esclavage, l'acheter, le vendre, le retenir dans la servitude, ce sont de véritables crimes, et des crimes pires que le vol. En effet on dépouille l'esclave, non seulement de toute propriété mobilière ou foncière, mais de la faculté d'en acquérir, mais la propriété de son temps, de ses forces, de tout ce que la nature lui a donné pour conserver sa vie ou satisfaire à ses besoins. À ce tort on joint celui d'enlever à l'esclave le droit de disposer de sa personne. »

Nicolas de Condorcet, *Réflexions sur l'esclavage des nègres, par M. Schwartz, pasteur à Bienne*, 1788.

「古代社会では労働と職人仕事が軽蔑されていたが、それは奴隷だけがそれらにたずさわっていたからだという意見は、現代の歴史家たちの偏見である。古代の人びとの論理は、まったく逆だった。彼らは、生活していく上で必要なことの面倒を見る仕事にはすべて隷属的な性質があるから、奴隷を所有しなければならないと考えていたのである。奴隷制度が擁護され、正当化されていたのは、まさしくこのような理由からだった。労働することは必要性に隷属することで、この隷属は人間が生活する条件に固有のものだった。生活していく上で必要なことに従わざるをえない人間は、必要性に力ずくで従わされている奴隷を支配することによってでしか、自由を得ることができなかったのである。奴隷に身を落とすことは運命の仕打ちによるものだったが、その運命は死よりも悪かった。なぜなら、

その結果、人間は家畜に近い存在に一変したからである。そのため、たとえば主人が解放したことで奴隷の地位が変化したり、一般的な政治情勢が変わっていくつかの職業が公的に重要な地位に上げられると、奴隷『本来の性質』も自動的に変化した」

ハンナ・アーレント
『人間の条件』　1958年

"The opinion that labor and work were despised in Antiquity because only slaves were engaged in them is a prejudice of modern historians. The Ancients reasoned the other way around and felt it necessary to possess slaves because of the slavish nature of all occupations that served the needs for the maintenance of life. It was precisely on these grounds that the institution of slavery was defended and justified. To labor meant to be enslaved by necessity, and this enslavement was inherent in the conditions of human life. Because men were dominated by the necessities of life, they could win their freedom only through the domination of those whom they subjected to necessity by force. The slave's degradation was a blow of fate and a fate worse than death, because it carried with it a metamorphosis of man into something akin to a tame animal. A change in a slave's status, therefore, such as manumission by his master or a change in general political circumstance that elevated certain occupations to public relevance, automatically entailed a change in the slave's "nature"."

Hannah Arendt, *The Human Condition*, 1958.

« Dire que le travail et l'artisanat étaient méprisés dans l'Antiquité parce qu'ils étaient réservés aux esclaves, c'est un préjugé des historiens modernes. Les Anciens faisaient le raisonnement inverse: ils jugeaient qu'il fallait avoir des esclaves à cause de la nature servile de toutes les occupations qui pourvoyaient aux besoins de la vie. C'est même par ces motifs que l'on défendait et justifiait l'institution de l'esclavage. Travailler, c'était l'asservissement à la nécessité, et cet asservissement était inherent aux conditions de la vie humaine. Les hommes étant soumis aux nécessités de la vie ne pouvaient se libérer qu'en dominant ceux qu'ils soumettaient de force à la nécessité. La dégradation de l'esclave était un coup du sort, un sort pire que la mort, car il provoquait une metamorphose qui changeait l'homme en un être proche des animaux domestiques. C'est pourquoi si le statut de l'esclave se modifiait, par exemple par la manumission, ou si un changement des conditions politiques générales élevait certaines occupations au rang d'affaires publiques, la "nature" de l'esclave changeait automatiquement. »

Hannah Arendt, *Condition de l'homme moderne*, 1958.

第**5**条
Article 5

誰もが、拷問や、残虐で非人道的、
または品位を傷つけるあつかいや
刑罰を受けることはない。

No one shall be subjected to torture
or to cruel, inhuman or degrading
treatment or punishment.

Nul ne sera soumis à la torture, ni à
des peines ou traitements cruels,
inhumains ou dégradants.

イラスト | **リュリュ・ダルディス** *Lulu d'Ardis*

「刑罰を軽くすることは、大きく確かな進歩です。18世紀には、拷問が廃止されました。このことは、18世紀の名誉の一部となっています。19世紀には、死刑が廃止されるでしょう」

ヴィクトル・ユゴー
立憲議会で行なった演説　1848年9月15日

"The softening of the penalty is a huge and clear progress. In the 18th century, torture was abolished; this is one of the glories of that century. In the 19th century, death penalty will be abolished."

Victor Hugo, Speech at National Legislative Assembly, September 15th, 1848.

« L'adoucissement de la pénalité est un grand et sérieux progrès. Le dixhuitième siècle, c'est là une partie de sa gloire, a aboli la torture ; le dix-neuvième siècle abolira la peine de mort. »

Victor Hugo, discours à l'Assemblée constituante, 15 septembre 1848.

「いや、拷問は民事的でも軍事的でもなく、フランス固有のものでもない。拷問は、この時代のすべてを荒廃させる梅毒である」

ジャン=ポール・サルトル（1905〜80年）

"No, torture is neither civil, military, nor unique to France. It is a syphilis that ravages this entire era."

Jean-Paul Sartre (1905-1980).

« Non, la torture n'est ni civile, ni militaire, ni spécifiquement française. C'est une vérole qui ravage l'époque entière. »

Jean-Paul Sartre (1905-1980).

「この条約を適用するにあたって、『拷問』とは、身体的なものであっても精神的なものであっても激しい苦痛を故意にあたえるすべての行為、とくに、本人あるいは第三者から情報や自白を得るため、本人あるいは第三者が行なったか行なった疑いがある行為について本人を罰するため、本人あるいは第三者を脅迫したり強要する目的で、あるいはなんらかの形の差別にもとづくそのほかの理由によって、このような苦痛が公務員やそのほか公的な資格をもつ人間により、扇動によって、または同意あるいは黙認のもとであたえられるものをいう。もっぱら合法的な制裁から生じる苦痛、合法的な制裁に固有の、または合法的な制裁に付随する苦痛は、『拷問』のうちに含まれない」

拷問およびその他の残虐な、非人道的または品位を傷つけるあつかいや刑罰に関する条約、その調印、批准、加入を、国際連合総会が1984年12月10日の決議39/46で採択したもの、第1条

"For the purposes of this Convention, the term "torture" means any act by which severe pain or suffering, whether physical or mental, is intentionally inflicted on a person for such purposes as obtaining from him or a third person information or a confession, punishing him for an act he or a third person has committed or is suspected of having committed, or intimidating or coercing him or a third person, or for any reason based on discrimination of any kind, when such pain or suffering is inflicted by or at the instigation of or with the consent or acquiescence of a public official or other person acting in an official capacity. It does not include pain or suffering arising only from, inherent in or incidental to lawful sanctions."

Convention against Torture and Other Cruel, Inhuman or Degrading Treatment or Punishment: Adopted and opened for signature, ratification and accession by General Assembly resolution 39/46 of December 10th, 1984, Article 1.

« Aux fins de la présente Convention, le terme "torture" désigne tout acte par lequel une douleur ou des souffrances aiguës, physiques ou mentales, sont intentionnellement infligées à une personne aux fins notamment d'obtenir d'elle ou d'une tierce personne des renseignements ou des aveux, de la punir d'un acte qu'elle ou une tierce personne a commis ou est soupçonnée d'avoir commis, de l'intimider ou de faire pression sur elle ou d'intimider ou de faire pression sur une tierce personne, ou pour tout autre motif fondé sur une forme de discrimination quelle qu'elle soit, lorsqu'une telle douleur ou de telles souffrances sont infligées par un agent de la fonction publique ou toute autre personne agissant à titre officiel ou à son instigation ou avec son consentement exprès ou tacite. Ce terme ne s'étend pas à la douleur ou aux souffrances résultant uniquement de sanctions légitimes, inhérentes à ces sanctions ou occasionnées par elles. »

Convention contre la torture et autres peines ou traitements cruels, inhumains ou dégradants, adoptée et ouverte à la signature, à la ratification et à l'adhésion par l'Assemblée générale dans sa résolution 39/46 du 10 décembre 1984, article premier.

「民間人に対する報復と拷問は、われわれ全員に連帯責任のある犯罪である。われわれのあいだでこのようなことが起きることは屈辱であり、以後、この事実に向きあわなければならない。さしあたり、少なくともわれわれは、仮にこれらが効果的な方法であっても、正当化することを完全に拒む必要がある。事実、間接的にでもそれらを正当化すると、その瞬間から規律も価値もなくなり、すべての主義主張が同じ値打ちとなって、目的も掟もない戦争によってニヒリズムの勝利が正しいものと認められてしまう。すると、好むと好まざるとにかかわらず、われわれは暴力だけが唯一の原則である無法地帯に舞いもどることになる。道徳論など聞きたくない人びとは、戦争に勝つことが目的だとしても、結局はなんらかの不当な行為を犯すよりも不当な行為を我慢するほうがましだということ、そしてこのように不当な行為を犯すことは、数多く存在する敵のゲリラ組織の行為よりもたくさんの損害をもたらすことを理解しなければならなくなるだろう。（略）政府の義務は、たとえその抗議と利害関係があっても、犯罪的な抑圧の行きすぎに対する抗議を禁止することではない。そうではなく、この行きすぎそのものを禁止し、少数の人間の所業について市民ひとりひとりが個人的な責任を感じないよう、そして彼らの所業を告発したり、逆に受けいれることを強いられないように、それらを公然と非難することである」

アルベール・カミュ
『時事論集3、アルジェリアの記録』、序文
1958年5月25日

"Reprisals against civilian populations and the practices of torture are crimes towards which we have solidarity. That these facts could happen among us is a humiliation we will have to face from this day on. In the meantime, we must at least refuse all justification, regardless of the efficiency, to these methods. The moment we justify them, even indirectly, there are no more rules or values, all causes have equal worth, and aimless and lawless war consecrates the triumph of nihilism. We then go back, whether we like it or not, to the jungle where the only principle is violence. Those who do not want to hear about morality anymore should understand in any case, that even to win wars, it is better to suffer some injustices than to commit them, and that such enterprises hurt us more than a hundred guerilla fighters. […] The duty of the government is not to suppress the protests, even if self-serving, against the criminal excesses of the repression. Its duty is to suppress those excesses and to publicly condemn them, to prevent any citizen from feeling personally responsible for the exploits of a few, and therefore be forced to denounce or assume responsibility for them."

Albert Camus, *Actuelles III. Algerian Chronicles*, Preface, May 25th, 1958.

« Les représailles contre les populations civiles et les pratiques de torture sont des crimes dont nous sommes tous solidaires. Que ces faits aient pu se produire parmi nous, c'est une humiliation à quoi il faudra désormais faire face. En attendant, nous devons du moins refuser toute justification, fût-ce par l'efficacité, à ces méthodes. Dès l'instant, en effet, où, même indirectement, on les justifie, il n'y a plus de règle ni de valeur, toutes les causes se valent et la guerre sans buts ni lois consacre le triomphe du nihilisme. Bon gré, mal gré, nous retournons alors à la jungle où le seul principe est la violence. Ceux qui ne veulent plus entendre parler de morale devraient comprendre en tout cas que, même pour gagner les guerres, il vaut mieux souffrir certaines injustices que les commettre, et que de pareilles entreprises nous font plus de mal que cent maquis ennemis. […] Le devoir du gouvernement n'est pas de supprimer les protestations même intéressées, contre les excès criminels de la répression ; il est de supprimer ces excès et de les condamner publiquement, pour éviter que chaque citoyen se sente responsable personnellement des exploits de quelques-uns et donc contraint de les dénoncer ou de les assumer. »

Albert Camus, *Actuelles III. Chroniques algériennes*, avant-propos, 25 mai 1958.

第**6**条
Article 6

どこにいても、
誰もが法的にひとりの人間として
認められる権利をもっている。

Everyone has the right to recognition
everywhere as a person before the
law.

Chacun a le droit à la reconnaissance
en tous lieux de sa personnalité
juridique.

イラスト | **アレクサンドル・ピュヴィラン** *Alexandre Puvilland*

「生身の人間が生きているこの地上で、権利はたんなる精神の総体ではない。どの部分を切りとっても、権利は天使のようなものではない。一番最初に権利の主体を指す必要があったとき、当然、それは肉体をもった人間、つまり自然人のことを指した。その後、その自然人に法律上の人格が認められ、その法的人格が権利の主体であると考えられるようになったのである」

ジェラール・コルニュ
フィリップ・デュボワの論文『人間の自然性』の序文
1986年

"On the land of the living, the Law is not the realm of pure spirits. In none of its parts, the right is an angel. When it was necessary to designate its original subjects, it naturally referred to them as physical persons: beings who come to juridical personality by being incarnated."

Gérard Cornu, preface to Philippe Dubois' thesis, *The Physique of the Person,* 1986.

« Sur la terre des vivants, le Droit n'est pas le lieu des purs esprits. En aucune de ses parties, il n'est angélique. Quand il a fallu désigner ses sujets d'origine, il les a tout naturellement nommés personnes physiques : êtres qui viennent à la personnalité juridique en s'incarnant. »

Gérard Cornu, préface à la thèse de Philippe Dubois, *Le Physique de la personne*, 1986.

「全体主義支配へいたる道の最初の重要な一歩は、人間の法的人格を殺すことである」

ハンナ・アーレント
『全体主義の起源』 1951年

"The first essential step on the road to total domination is to kill the juridical person in man."

Hannah Arendt, *The Origins of Totalitarianism*, 1951.

« Le premier pas essential sur la route qui mène à la domination totale consiste à tuer en l'homme la personne juridique. »

Hannah Arendt, *Les Origines du totalitarisme*, 1951.

「では、『法的人格』とはいったいなんなのか。

なによりもまず、それは民事上の権利をもつ能力である。たとえば、選挙権、表現の自由、警察の独断で制止されることなく自由に移動できる権利などがあげられる。世界中の多くの人が、これらの基本的な権利をもっていない。フランスでさえ、女性が選挙権を得たのはかなり遅く、1944年になってからだった。これはヨーロッパ諸国でほぼ最後といってよく、ジョージアやモンゴルよりもずっとあとのことだったのである。（略）
『法的人格』を認められることは、いわゆる『社会的な』権利をもつことでもある。たとえば、病気を治療してもらう権利（健康に対する権利）、学校に行く権利（教育

を受ける権利）、働く権利（労働の権利）、あるいは退職する権利があげられる。（略）

　しかし実際には、すべての人が同じだけの権利をもっているわけではない。なぜなら、法的人格さえない人がいるからだ。だからわれわれには、やるべきことがまだたくさん残されている。平等の原則を宣言する段階は終わりにして、友愛の精神を実現させなければならない」

エヴリーヌ・シール＝マルタン
「認められた法的人格」、「人間と自由」誌　2007年

"Then, what exactly does 'the juridical person' mean? Above all, that is the possibility of having civil rights, like suffrage (the right to vote), freedom of expression, the right to move freely without being arbitrarily arrested by the police, etc. Many people in the world do not enjoy these fundamental rights. For example, even in France, it was very late, in 1944, that women got suffrage. France was one of the latest in Europe, even after Georgia and Mongolia. [...] To be recognized as a 'juridical person' is also to have so-called 'social' rights, such as the right to receive medical treatments (the right to health), the right to go to school (the right to education), the right to work, or the right to retire. [...] However, in reality, not all people enjoy equal rights because there are still those who are not even recognized as a 'juridical person.' Hence, we are still a long way from realizing the spirit of fraternity instead of just declaring the principles."

Évelyne Sire-Marin, "Recognized legal personality", *Men & Liberty*, 2007.

« Mais qu'est-ce donc que la "personnalité juridique" ? D'abord, c'est la possibilité d'avoir des droits civils, comme le droit de vote, la liberté d'expression, le droit de circuler librement sans se faire arrêter arbitrairement par la police, etc. Beaucoup de peuples dans le monde ne bénéficient pas de ces droits élémentaires. En France par exemple, les femmes n'ont eu le droit de vote que très tard, en 1944, parmi les derniers pays en Europe, bien après la Géorgie et la Mongolie. […]
Se voir reconnaître la "personnalité juridique", c'est aussi avoir des droits dits "sociaux", comme le droit de se soigner (droit à la santé), le droit d'aller à l'école (droit à l'éducation), le droit de travailler (droit au travail), ou d'avoir une retraite. […]
Mais on le voit, tous les Hommes n'ont pas, en réalité, accès à l'égalité des droits, puisque certains n'ont même pas de personnalité juridique. Nous avons donc encore beaucoup à faire pour passer des déclarations de principe à l'esprit de fraternité. »

Évelyne Sire-Marin, « La personnalité juridique reconnue », *Hommes & Libertés*, 2007.

第7条
Article 7

すべての人は法の下に平等で、差別されることなく、
法律の平等な保護を受ける権利をもっている。
すべての人には、
この宣言に違反するどのような差別からも、
そのような差別の原因となるどのような行為からも、
平等に保護される権利がある。

All are equal before the law and are entitled
without any discrimination to equal protection of
the law. All are entitled to equal protection
against any discrimination in violation of this
Declaration and against any incitement to such
discrimination.

Tous sont égaux devant la loi et ont droit sans
distinction à une égale protection de la loi. Tous
ont droit à une protection égale contre toute
discrimination qui violerait la présente
Déclaration et contre toute provocation à une
telle discrimination.

イラスト | **カロリーヌ・ピオション** *Caroline Piochon*

「権利とは、なにか。権利とは、平等である。ある契約のなかになんらかの不平等が含まれていると気づいた途端に、その契約は権利に違反しているという疑いが生じる。（略）

　手に１スー硬貨〔昔のフランスの通貨〕を握りしめ、目の前に並んだものを食い入るように見ている小さな子どもが、抜け目のないずる賢い主婦と対等でいるとき、そこには権利がある。この状態に、まったく制約を受けていない力が働きかけたら、どうなるだろうか。この力が働きかけるままにしておいたら、子どもは確実にだまされるだろう。暴力を使って子どもから１スー硬貨をとりあげることをしなかったとしても、その１スー硬貨を１サンチーム硬貨〔１サンチームは、１スーの５分の１に相当する新しい通貨〕に交換する必要があると、子どもに信じこませることはたやすい。このような不平等に対して、権利が考えだされた。また、正しい法律とは、男性も女性も子どもも病人も無知な人たちも、みな平等にしようと工夫を凝らした法律のことである。現実の本質は不平等だといって権利に反対する人びとは、実際のところ貧相な話をしているのだ」

アラン
「平等」、1907年10月18日、フランシス・カプラン編『権力に関する言葉、政治倫理の基本原理』
1985年

"What is a right? It is equality. As soon as we realize a contract contains some form of inequality, we immediately suspect that this contract violates the right. […] Rights reign when the little child, who holds a penny in his hand and eagerly looks at the objects displayed, is equal to the most cunning housewife. It is clear here how the rule of rights will oppose the force without any control. If we let the powers act, the child will certainly be deceived; even if we don't take his penny by brute force, we can make him believe without any difficulty that he must exchange an old penny for a new coin in fact less valuable. It is against such inequality that rights were invented. Thus, right laws are those that strive to make men, women, children, the sick, and the ignorant all equal. Those who are against rights and claim that inequality is the nature of things, in fact say poor things."

Alain, "Equality", October 18th, 1907, *About Powers. Elements of Political Ethics*, selected and classified by Francis Kaplan, 1985.

« Qu'est-ce que le droit? C'est l'égalité. Dès qu'un contrat enferme quelque inégalité, vous soupçonnez aussitôt que ce contrat viole le droit. […]

Le droit règne là où le petit enfant qui tient son sou dans sa main et regarde avidement les objets étalés, se trouve l'égal de la plus rusée ménagère. On voit bien ici comment l'état de droit s'opposera au libre jeu de la force. Si nous laissons agir les puissances, l'enfant sera certainement trompé; même si on ne lui prend pas son sou par force brutale, on lui fera croire sans peine qu'il doit échanger un vieux sou contre un centime neuf. C'est contre l'inégalité que le droit a été inventé. Et les lois justes sont celles qui s'ingénient à faire que les hommes, les femmes, les enfants, les malades, les ignorants soient tous égaux. Ceux qui disent, contre le droit, que l'inégalité est dans la nature des choses, disent donc des pauvretés. »

Alain, « L'égalité », 18 octobre 1907, *Propos sur les pouvoirs. Éléments d'éthique politique*, propos choisis et classés par Francis Kaplan, 1985.

「アイデンティティーと平等の概念はかなり異なるが、不思議なことにわれわれは、このふたつをあいまいに混同してしまう傾向にある。アイデンティティーは個人の肉体的、あるいは精神的性質と関係があり、平等は個人の社会的、法的権利とかかわっている。アイデンティティーは生物学と教育に属し、平等は倫理と政治の分野である。平等は、生物学の概念ではない。ふたつの分子、あるいはふたつの細胞が平等だという言い方はしないからだ」

フランソワ・ジャコブ
『可能性への賭け、生物多様性に関する試論』
1981年

"By a curious ambiguity, we tend to confuse two very distinct notions: identity and equality. Identity refers to individuals' physical or mental qualities; the other refers to social and legal rights. The first comes under biology and education; the second falls within morality and politics. Equality is not a biological concept, in the same way that we do not say that two molecules or two cells are equal."

François Jacob, *The Game of Possibilities. Essay on diversity of life*, 1981.

« Par une singulière équivoque, on cherche à confondre deux notions pourtant bien distinctes: l'identité et l'égalité. L'une réfère aux qualités physiques ou mentales des individus; l'autre à leurs droits sociaux et juridiques. La première relève de la biologie et de l'éducation; la seconde de la morale et de la politique. L'égalité n'est pas un concept biologique. On ne dit pas que deux molécules ou deux cellules sont égales. »

François Jacob, *Le Jeu des possibles. Essai sur la diversité du vivant*, 1981.

「権利と法律は、ふたつの力である。このふたつが一致すれば秩序が生まれ、対立すれば大惨事が起きる。権利は真理の頂点を語り、その頂点から支配し、法律は現実を土台にして反論する。権利は正義のなかで活動し、法律は可能性のなかで活動している。権利は天上のもので、法律は地上のものである。たとえば、自由は権利で、社会は法律である。つまり、ふたつの演壇がある。一方には理念の人間が、もう一方には事実の人間がいる。一方は絶対的で、もう一方は相対的である。このふたつの演壇のうち、前者は必要で、後者は有益である。一方からもう一方へは、意識の動きが存在する。このふたつの力は、まだ調和されていない。一方は変化せず、もう一方は変化する。

一方は冷静で、もう一方は情熱的である。法律は権利から生じるが、水源から生まれる川が途中で何度も曲がりくねっては岸辺のすべての不純物をとりこんでいくのと同じような経過をたどる。実践は規則に反し、必然的にもたらされるものは原則を裏切り、結果は原因とつながらないことが多い。これが、人間の置かれた避けがたい状況なのである。権利と法律は、たえず争っている。たいていは激しい嵐のようなその争いから、ときには闇が、ときには光が生まれる。現代の議会にたとえれば、権利は上院で、法律は下院だといえるだろう」

ヴィクトル・ユゴー
『権利と法律』1875年6月

"The right and the law are two influential forces. Their harmony brings order, whereas their conflict brings chaos. The right speaks and commands from the summit of truths. Contrarily, the law reacts from the bottom of realities. The right is moving in justice, and the law is moving in the possibilities. The right is heavenly, and the law is earthly. Thus, freedom is the right; society is the law. Hence two tribunes; on the one hand, there are idealists, and on the other, there are factualists; one is the absolute, the other is the relative. Of these two tribunes, the first is necessary, and the second is useful. From one to the other, there is the fluctuation of consciousness. These two forces have not yet reached harmony: one is immutable and the other a variable, one is serene and the other passionate. The law arises from rights, but like rivers from the same sources taking all impurities on the shore, both follow a similar process. Often practice contradicts the rule, inevitable outcomes often betray the principles, and the consequences usually do not match the causes. Such is the fatal human condition. The right and the law are in constant dispute, and from their debate, that is frequently stormy, darkness and light sometimes emerge. In the terms of modern parliament, the right is similar to the upper chamber, whilst the law is the lower chamber."

Victor Hugo, *The Right and the Law*, June 1875.

« Le droit et la loi, telles sont les deux forces; de leur accord naît l'ordre, de leur antagonisme naissent les catastrophes. Le droit parle et commande du sommet des vérités, la loi réplique du fond des réalités; le droit se meut dans le juste, la loi se meut dans le possible; le droit est divin, la loi est terrestre. Ainsi, la liberté, c'est le droit; la société, c'est la loi. De là deux tribunes; l'une où sont les hommes de l'idée, l'autre où sont les hommes du fait; l'une qui est l'absolu, l'autre qui est le relatif. De ces deux tribunes, la première est nécessaire, la seconde est utile. De l'une à l'autre il y a la fluctuation des consciences. L'harmonie n'est pas faite encore entre ces deux puissances, l'une immuable, l'autre variable, l'une sereine, l'autre passionnée. La loi découle du droit, mais comme le fleuve découle de la source, acceptant toutes les torsions et toutes les impuretés des rives. Souvent la pratique contredit la règle, souvent le corollaire trahit le principe, souvent l'effet désobéit à la cause; telle est la fatale condition humaine. Le droit et la loi contestent sans cesse; et de leur débat, fréquemment orageux, sortent, tantôt les ténèbres, tantôt la lumière. Dans le langage parlementaire moderne, on pourrait dire: le droit, chambre haute; la loi, la chambre basse. »

Victor Hugo, *Le Droit et la Loi*, juin 1875.

第**8**条
Article 8

すべての人には、
憲法や法律によって認められた
基本的な権利を侵害する行為に対して、
権限をもつ国内裁判所に有効な助けを求める
権利がある。

Everyone has the right to an effective
remedy by the competent national tribunals
for acts violating the fundamental rights
granted him by the constitution or by law.

Toute personne a droit à un recours effectif
devant les juridictions nationales
compétentes contre les actes violant les
droits fondamentaux qui lui sont reconnus
par la Constitution ou par la loi.

イラスト | **シリル・ベルタン** *Cyrille Bertin*

「権利は、主観的な存在として人格が表現されたもの、社会との関係における人格の状態、社会を構成する個人など、さまざまな形であらわれる。憲法による保護は、権力の濫用から権利を守るために、これらの権利のいくつかを内容に含んでいることから、厳密な意味で正式な後見の役割をはたしている」

ルイ・バルボーザ
『共和国憲法注釈』　1891年

"The rights are aspects, are manifestations of the human personality in its subjective existence, or in its situations of relation with the society or the individuals that compose it. Constitutional guarantees are, strictly speaking, the legal safeguards that protect some of these rights against abuse of power."

Rui Barbosa, *Commentaries to the Republican Constitution*, 1891.

« Les droits sont des aspects, sont des manifestations de la personnalité humaine en son existence subjective, ou dans ses situations de relation avec la société ou les individus qui la composent. Les garanties constitutionnelles sont stricto sensu les solennités tutélaires dont la loi entoure certains de ces droits pour les protéger contre les abus du pouvoir. »

Rui Barbosa, *Commentaires à la Constitution républicaine*, 1891.

「自由の第一条件は、役人ひとりひとりが、市民の前で、通常の法廷で、普通法にもとづいて、職務中に行なったひとつひとつのことに責任をもつことである」

フリードリヒ・エンゲルス
アウグスト・ベーベルへの手紙　1875年3月18〜28日

"The first condition of liberty is that each official is responsible for each of his acts he accomplishes as an official before each citizen according to the common law of the ordinary courts."

Friedrich Engels, letter to August Bebel, March 18th-28th, 1875.

« La première condition de la liberté, c'est que chaque fonctionnaire soit responsable de chacun des actes qu'il accomplit pendant l'exercice de ses fonctions, devant chaque citoyen, devant les tribunaux ordinaires, et selon la loi commune. »

Friedrich Engels, lettre à August Bebel, 18-28 mars 1875.

「自分であってもほかの誰であっても、人間をたんなる手段としてではなく、目的としてもあつかいなさい。（略）
　人間は、それ自体が尊いものである。事実、人間はどのような人からも（他人からも、自分自身からでさえ）、たんなる手段として利用されてはならない。つねに、目的としてもあつかわれる必要がある。まさしくその点に人間の尊厳（人格）があり、それによって人間はこの世のほかのすべての存在、人間ではないので利用されることになるすべての存在を

超越している。したがって、人間はすべてのものを超越しているのである」

イマヌエル・カント
『人倫の形而上学』 1795年

"Act in a way that you treat humanity, whoever you are and others are, always as an end, and never merely as a means. [...] Humanity itself is a dignity. Indeed, man cannot be used by any man (neither by others, nor by himself) merely as a means. Instead he must always be treated as an end, and that is precisely where his dignity (his personality) is. Dignity raises him above all the other beings in the world that are not man and can therefore be used; thus humanity is raised above everything else."

Emmanuel Kant, *The Metaphysics of Morals*, 1795.

« Agis de telle sorte que tu traites l'humanité aussi bien dans ta personne que dans la personne de tout autre toujours en même temps comme une fin, et jamais simplement comme un moyen. [...] L'humanité elle-même est une dignité ; en effet, l'homme ne peut être utilisé par aucun homme (ni par d'autres, ni même par lui-même) simplement comme moyen, mais doit toujours être traité en même temps comme fin, et c'est en cela que consiste précisément sa dignité (sa personnalité), grâce à laquelle il s'élève au-dessus de tous les autres êtres du monde qui ne sont point des hommes et peuvent donc être utilisés, s'élevant par conséquent au-dessus de toute chose. »

Emmanuel Kant, *Métaphysique des moeurs*, 1795.

「人権は、人間を宗教から解放しないが、人間に宗教の自由をあたえる。人権は、人間を所有権から解放しないが、人間に自由な所有権をあたえる。人権は、人間を下劣な生業から解放しないどころか、人間に職業の自由を認める」

カール・マルクス＆フリードリヒ・エンゲルス
『聖家族、あるいは批判的批判の批判、ブルーノ・バウアーとその一味への反対』 1845年

"That human rights do not deliver man from religion, but offer him religious liberty; that they do not deliver him from the property, but offer him the freedom to property; that they do not deliver him from the miserable livelihood, but on the contrary, they accord him the liberty of the profession."

Karl Marx and Friedrich Engels, *The Holy Family or Critique of Critical Criticism. Against Bruno Bauer and Company*, 1845.

« Que les droits de l'homme ne délivrent pas l'homme de la religion, mais lui offrent la liberté religieuse; qu'ils ne le délivrent pas de la propriété, mais lui offrent la libre propriété; qu'ils ne le délivrent pas du sordide gagne-pain, mais lui accordent au contraire la liberté de la profession. »

Karl Marx et Friedrich Engels, *La Sainte Famille ou Critique de la critique critique contre Bruno Bauer et consorts*, 1845.

第9条
Article 9

誰もが、
不法に逮捕されたり、
拘束されたり、
追放されることはない。

No one shall be subjected to arbitrary
arrest, detention or exile.

Nul ne peut être arbitrairement
arrêté, détenu ou exilé.

イラスト | **ルイ・トマ** *Louis Thomas*

「もう、おしまいです。フランスの顔に泥が塗られるのです。このような社会犯罪が行なわれたのは、大統領、あなたの時代のことだったと歴史に記されるでしょう。

彼らが厚かましい行動に出たのですから、私も同じようにします。真実を申しあげましょう。規則があるために裁判が真実をすべて明らかにすることができないなら、私がそれをいうと約束したからです。私には、語る義務があります。私は、共犯者になりたくありません。あの地で恐ろしい責め苦を受けながら、自分が犯していない罪を償っている無実の人の幽霊が、毎夜、私の前に姿をあらわすことになりかねないからです。

誠実な人間としてこれ以上ないほど憤慨しつつ、この真実を訴えかけたいのは、大統領閣下、まさにあなたに対してです。あなたが真実をご存じないことを、あなたの名誉のためにも確信しています。ですから、悪意のある真犯人たちを告発する相手として、この国で最高の地位にあるあなた以外に、誰がいるというのでしょうか」

エミール・ゾラ
「私は告発する！　共和国大統領への手紙」、「オーロール」紙　1898年1月13日

"And it's over. The Dreyfus Affair disgraced France. This will be recorded in history: under your presidency, such a social crime was committed. Since they were impudent, I will be so, too. I will tell the truth because I promised to tell it if the judiciary interferes in revealing everything. My duty is to speak out. I do not want to be an accomplice. My nights would be haunted by the innocent's specter who is atoning there, in the most terrible torture, for a crime he has not committed. Furthermore, to you, Mr. President, I want to claim this truth with the greatest resentment as an honest man. For your honor, I am sure you do not know the truth. Who else is there, except you, the chief magistrate of the country, to prosecute the malevolent mob of the real culprits?"

Émile Zola, "I accuse... ! Letter to the President of the Republic", *L'Aurore*, January 13th, 1898.

« Et c'est fini, la France a sur la joue cette souillure, l'histoire écrira que c'est sous votre présidence qu'un tel crime social a pu être commis.
Puisqu'ils ont osé, j'oserai aussi, moi. La vérité, je la dirai, car j'ai promis de la dire si la justice, régulièrement saisie, ne la faisait pas, pleine et entière. Mon devoir est de parler, je ne veux pas être complice. Mes nuits seraient hantées par le spectre de l'innocent qui expie là-bas, dans la plus affreuse des tortures, un crime qu'il n'a pas commis.
Et, c'est à vous, monsieur le Président, que je la crierai, cette vérité, de toute la force de ma révolte d'honnête homme. Pour votre honneur, je suis convaincu que vous l'ignorez. Et à qui donc dénoncerai-je la tourbe malfaisante des vrais coupables, si ce n'est à vous, le premier magistrat du pays ? »

Émile Zola, « J'accuse... ! Lettre au président de la République », *L'Aurore*, 13 janvier 1898.

「このように、彼らは囚人や亡命者がみな体験する、なんの役にも立たない記憶とともに生きなければならないという激しい苦しみを感じていた。しかも、この過去自体を思いかえすたびに、彼らは後悔の念しか覚えなかったのである」

アルベール・カミュ
『ペスト』 1947年

"In having to live with a worthless memory, they experienced the deep anguish shared by all prisoners and exiles. Repeatedly dwelling on the past leaves them with nothing but a lingering sense of regret."

Albert Camus, *The Plague*, 1947.

« Ils éprouvaient ainsi la souffrance profonde de tous les prisonniers et de tous les exilés, qui est de vivre avec une mémoire qui ne sert à rien. Ce passé même auquel ils réfléchissaient sans cesse n'avait que le goût du regret. »

Albert Camus, *La Peste*, 1947.

「亡命とは、権利を奪われることである。これ以上、恐ろしいものはない。誰にとって、恐ろしいのか。亡命しなければならなかった人か。そうではなく、亡命させた人にとってである。苦しみは亡命させた人の身に降りかかり、彼をむしばんでいく。(略)一時的に絶対的な権力をもっている人びとがなにをしようとも、奥底にある永遠は彼らに抵抗している。彼らの確信はうわべだけのもので、深いところにあるものは思索家のものなのだ。ひとりの男を追放した。よろしい。だが、そのあとはどうなるのか。木を根元から引きぬくことはできるが、空から光を追いはらうことはできない。明日になれば、また日が昇るのだ」

ヴィクトル・ユゴー
「亡命とはなにか」、『亡命中の言行録』 1875年

"Exile is the deprivation of the right. Nothing is more terrible. For whom? For the one who is exiled? No, for the one who inflicts it. Suffering befalls on the one who inflicted and weakened him. […] Whatever those granted with temporary power do, the eternal depth resists them. Their convictions are superficial, and the deep inside belongs to thinkers. You exiled a man, so be it! And then what is next? You can pull a tree out of its roots, but you can't drive away daylight from the sky. Tomorrow, the dawn will come anyway."

Victor Hugo, "What Exile is all About" *Actions and Words. During exile*, 1875.

« L'exil, c'est la nudité du droit. Rien de plus terrible. Pour qui? Pour celui qui subit l'exil? Non, pour celui qui l'inflige. Le supplice se retourne et mord le bourreau. […] Quoi que fassent les tout-puissants momentanés, l'éternel fond leur résiste. Ils n'ont que la surface de la certitude, le dessous appartient aux penseurs. Vous exilez un homme. Soit. Et après? Vous pouvez arracher un arbre de ses racines, vous n'arracherez pas le jour du ciel. Demain, l'aurore. »

Victor Hugo, « Ce que c'est que l'exil », *Actes et paroles. Pendant l'exil*, 1875.

第**10**条
Article 10

すべての人は、自分の権利や義務、
または自分が負う刑事責任が
決定されるにあたって、
独立した正当な裁判所による公平な公開審理を
受けることができるという点で、
完全に平等の権利をもっている。

Everyone is entitled in full equality to a fair
and public hearing by an independent and
impartial tribunal, in the determination of
his rights and obligations and of any criminal
charge against him.

Toute personne a droit, en pleine égalité, à
ce que sa cause soit entendue équitablement
et publiquement par un tribunal
independent et impartial, qui décidera, soit
de ses droits et obligations, soit du bien-
fondé de toute accusation en matière pénale
dirigée contre elle.

イラスト | リュノ *Reuno*

「刑法が、犯罪が本来もっている固有の性質からそれぞれの刑罰を引きだしたとき、自由が勝利する。そこには、専断的なことがなにもない。刑罰は立法者の気まぐれからではなく、物事本来の性質から生まれる。人間が人間に対して暴力をふるうのではない。(略)

国家の平穏や安全を乱すことについては、隠れた行為も人間の裁判の管轄である。しかし神を傷つけることについては、公然の行為がなければ、犯罪の構成事実もない。そこではすべてのことが人間と神のあいだで起きるので、神は復讐の手段とときを知っている。もし、これらのことを混同して、司法官が神に対する隠れた冒瀆までも追及したら、まったく必要のない種類の行為まで取り調べることになる。その結果、市民の遠慮がちな良心や大胆な良心を熱狂させ、彼らの自由を破壊してしまうのである」

モンテスキュー
『法の精神』 1748年

"Liberty wins when criminal laws derive each punishment from the particular nature of the crime. All arbitrariness ceases; the punishment does not come from the impulse of the legislator but the nature of things; it is not a man who does violence to man. [...] In matters that disturb a state's peace or security, hidden actions are under the jurisdiction of human justice. However, without any public action, there is no crime in those that offend the divinity. Everything happens between man and God, who knows the means and the time of his retribution. Suppose the judiciary confuses things and seeks hidden desecration, that brings an inquisition to unnecessary actions. He then destroys citizen's freedom, by arming them with the zeal of hesitant consciences and that of bold consciences."

Montesquieu, *The Spirit of the Laws*, 1748.

« C'est le triomphe de la liberté, lorsque les lois criminelles tirent chaque peine de la nature particulière du crime. Tout l'arbitraire cesse ; la peine ne descend point du caprice du législateur, mais de la nature de la chose; et ce n'est point l'homme qui fait violence à l'homme. […] Dans les choses qui troublent la tranquillité ou la sûreté de l'État, les actions cachées sont du ressort de la justice humaine; mais dans celles qui blessent la divinité, là où il n'y a point d'action publique, il n'y a point de matière de crime: tout s'y passe entre l'homme et Dieu, qui sait la mesure et le temps de ses vengeances. Que si, confondant les choses, le magistrat recherche aussi le sacrilège caché, il porte une inquisition sur un genre d'action où elle n'est point nécessaire: il détruit la liberté des citoyens, en armant contre eux le zèle des consciences timides et celui des consciences hardies. »

Montesquieu, *De l'esprit des lois*, 1748.

「力は、自動的に正義をつくる機械ではない。適当に、無差別に、正義か不正義の結果が出てくるが、確率からするとほとんど必ず不正義が出てくる、あてずっぽうな機械なのである。ここでは、時間の流れはなんの関係もない。偶然、正義にかなった結果が出る最低確率を上げることはないからだ。もし、力が絶対的に支配者なら、正義は絶対的に非現実である。しかし、力は支配者ではない。経験上、われわれはそのことを知っている。そして、正義は人間の心の奥に存在する現実である。人間の心の構造は、星の軌道と同じく、この宇宙の現実のなかのひとつの現実なのだ」

シモーヌ・ヴェイユ
『根をもつこと、人間に対する義務宣言へのプレリュード』　1942年冬〜43年に書かれ、1949年に出版されたもの

"Force is not a machine that automatically creates justice. It is a blind mechanism that randomly and indifferently produces just or unjust results, but, most of the time, the outcome is injustice by the play of probabilities. Here, the flow of time has nothing to do. In the functioning of this mechanism, it does not increase by chance the minimum proportion of effects that conform to justice. If force is the absolute sovereign, justice is the absolute unreal. However, this is not true, and we know that from our experience. Justice is real, deep down in the hearts of men. Their heart's structure is a reality among the realities of this universe, just as the trajectory of a star is."

Simone Weil, *The Need for Roots: prelude to a declaration of duties towards mankind*, written in the winter 1942-1943, published in 1949.

« La force n'est pas une machine à créer automatiquement de la justice. C'est un mécanisme aveugle dont sortent au hasard, indifféremment, les effets justes ou injustes, mais, par le jeu des probabilités, presque toujours injustes. Le cours du temps n'y fait rien; il n'augmente pas dans le fonctionnement de ce mécanisme la proportion infime des effets par hasard conformes à la justice. Si la force est absolument souveraine, la justice est absolument irréelle. Mais elle ne l'est pas. Nous le savons expérimentalement. Elle est réelle au fond du cœur des hommes. La structure d'un cœur humain est une réalité parmi les réalités de cet univers, au même titre que la trajectoire d'un astre. »

Simone Weil, *L'Enracinement. Prélude à une déclaration des devoirs envers l'être humain*, rédigé à l'hiver 1942-1943, publié en 1949.

「国民にとって、専制君主よりもひどいものはない。専制君主の支配下では、すべての人のためにつくられた法律がない。ひとりの人間が支配し、法律はその人の所有物である。だから、平等というものが存在しない。一方、書かれた法律の支配下では、貧しい人にも裕福な人にも同じ権利がある。弱者でも、強者から侮辱されたときにいいかえすことができる。小さい者でも、正しい主張ならば大きい者をいいまかすことができるのだ。自由とは、次の言葉につきる。『誰か、祖国のために分別のある意見をのべようと思うものがいるか』。そのとき、誰もが好きなようにできる。意見をのべて目立つこともできるし、黙っていることもできる。これ以上に平等なことがあるだろうか」

エウリピデス
『嘆願する女たち』　前424 〜 421年

"For the people, there is nothing worse than a tyrant. Under this regime, the law is not made for all the people. One man rules and the laws are his property. Therefore, there is no equality, whereas, under the written laws, the poor and the rich have the same rights. The weak can refute the insult of the strong, and if the small is right, he will defeat the big. There is freedom when we can ask: "Who wants, who can give wise advice to his country?" Then, each one can speak out or remain silent as they want. What could be more equal than that?"

Euripides, *The Suppliants*, 424-421 B.C.

« Pour un peuple, il n'est rien de pire qu'un tyran. Sous ce régime, pas de lois faites pour tous. Un seul homme gouverne, et la loi, c'est sa chose. Donc, plus d'égalité, tandis que sous l'empire des lois écrites, pauvres et riches ont mêmes droits. Le faible peut répondre à l'insulte du fort, et le petit, s'il a raison, vaincra le grand. Quant à la liberté, elle est dans ces paroles: "Qui veut, qui peut donner un avis sage à sa patrie?" Lors, à son gré, chacun peut briller… ou se taire. Peut-on imaginer plus belle égalité? »

Euripide, *Les Suppliantes*, 424-421 avant J.-C.

第11条
Article 11

1.犯罪で起訴された人はみな、自分を弁護するために必要なものを
すべて保障された公開の裁判で有罪であることが
法的に立証されるまでは、無罪と推定される。
2.誰もが、実行したときに国内法や国際法に違反していない
作為や不作為を理由に、有罪とされることはない。
また、犯罪が犯されたときに適用される
刑罰よりも重い刑罰を科せられることはない。

1. Everyone charged with a penal offence has the right to be presumed
innocent until proved guilty according to law in a public trial at which he
has had all the guarantees necessary for his defence.
2. No one shall be held guilty of any penal offence on account of any act
or omission which did not constitute a penal offence, under national or
international law, at the time when it was committed. Nor shall a heavier
penalty be imposed than the one that was applicable at the time the
penal offence was committed.

1. Toute personne accusée d'un acte délictueux est présumée innocente
jusqu'à ce que sa culpabilité ait été légalement établie au cours d'un
procès public où toutes les garanties nécessaires à sa défense lui auront
été assurées.
2. Nul ne sera condamné pour des actions ou omissions qui, au moment
où elles ont été commises, ne constituaient pas un acte délictueux
d'après le droit national ou international. De même, il ne sera infligé
aucune peine plus forte que celle qui était applicable au moment où
l'acte délictueux a été commis.

イラスト内訳：私は無罪です。
Illustration translation : I am innocent.

イラスト | シルヴァン・フレコン *Sylvain Frécon*

「部下を率直に指導し、民衆を寛大に統治する。罰は子孫にまで影響せず、褒賞は後継者にもおよぶ。どれほど重くても、あやまちを許す。どれほど軽くても、故意による犯罪は罰する。重大さが疑わしい犯罪は軽いものとして、重要性があきらかでない功績は大きなものとしてあつかう。無実の人を殺すよりは、不正行為を見逃すほうがよい」

『隋書刑法志』 629〜644年ころ

"Lead subordinates frankly, rule the people generously. Punishment shall not descend to posterity, while rewards shall be extended to the heirs. Forgive mistakes, no matter how grave. Punish intentional crimes, no matter how trivial. Treat crimes whose seriousness is questionable, lightly, and achievements whose importance is uncertain, as significant. It is better to dismiss an impropriety than to kill an innocent."

The legal treaty of Souei-chou, around 629-644.

« Diriger les subordonnés avec simplicité, gouverner le peuple avec générosité. La punition n'atteint pas les descendants, les récompenses s'étendent aux héritiers. Pardonner les erreurs, quelle que soit leur gravité; punir les crimes intentionnels, quelque légers qu'ils soient. Traiter comme légers les crimes dont la gravité est douteuse et comme grands les mérites dont l'importance n'est pas évidente. Il vaut mieux négliger une irrégularité que de tuer un innocent. »

Le Traité juridique du Souei-chou, vers 629-644.

「まず、裁判をせよ。絞首刑にするのは、そのあとだ」

ルーマニアのことわざ

"Judge first, hang only afterwards."

A Romanian Proverb.

« Juge d'abord, ne pends qu'après. »

Proverbe roumain.

「母親の胎内で植物のようだった状態と、母親と一緒の乳児期にたんなる動物のようだった状態から、理性が成熟しはじめるまで、人間には20年の年月が必要である。人間の構造をほんの少しでも知るためには、30世紀かかる。人間の魂についてなにかしらを理解するためには、永遠の時間が必要だろう。しかし人間を殺すためには、ほんの一瞬あればよい」

ヴォルテール
『哲学辞典』 1764年

"It takes 20 years for a man to begin maturing the ability to reason, from the state of a plant in the mother's womb and the state of an animal through childhood. It has taken 30 centuries to learn some of his structure.
It would take an eternity to understand something about his soul.
But it takes only a moment to kill him."

Voltaire, *Philosophical Dictionary*, 1764.

« Il faut vingt ans pour mener l'homme de l'état de plante où il est dans le ventre de sa mère, et de l'état de pur animal, qui est le partage de sa première enfance, jusqu'à celui où la maturité de la raison commence à poindre. Il a fallu trente siècles pour connaître un peu sa structure. Il faudrait l'éternité pour connaître quelque chose de son âme. Il ne faut qu'un instant pour le tuer. »

Voltaire, *Dictionnaire philosophique*, 1764.

「裁判官が判決をくだす前は、ある人を有罪とすることはできない。また、公的な保護を保障する条件に違反したことが証明されないかぎり、社会はその人からその保護を奪うことはできない。だから、ある市民が有罪なのか無罪なのかまだ疑わしいときに、その市民を痛めつけることができる権限を裁判官にあたえる法律とは、それが力ずくの法律でないならば、いったいなんだというのか。犯罪の事実が確かなのかどうか、というジレンマは、新しいものではない。犯罪の事実が確かならば、法律によって定められた刑罰以外を加える必要はなく、拷問するにはおよばない。なぜなら、本人の自白は不要だからである。犯罪の事実が不確かなら、その人を拷問にかけてはならない。なぜなら、犯罪の事実が証明されない以上、その人は法律上、無罪だからである」

チェーザレ・ベッカリーア
『犯罪と刑罰』 1764年

"No person can be convicted before the judge delivers a verdict. Nor can society withdraw its protection unless it has been resolved that the person has violated the terms on which it is granted. If it is not a coercive law, then what gives a judge the authority to punish a citizen while there is still doubt as to his guilt or innocence? This dilemma is not new: either the crime is certain or it is not. If it is certain, only the punishment established by law should be applied, and torture is unnecessary, for the confession of the accused is no longer needed. Even if it is uncertain, torture must not be applied to an innocent person, for, in consideration of the law, when offenses have not been proven, the person is innocent."

Cesare Beccaria, *Crimes and Punishments*, 1764.

« Un homme ne peut être déclaré coupable avant la sentence du juge, et la société ne peut lui retirer sa protection tant qu'on n'a pas établi qu'il a violé les conditions auxquelles elle lui avait été accordée. Quel est donc le droit, si ce n'est celui de la force, qui peut donner à un juge le pouvoir de faire subir un châtiment à un citoyen, alors qu'on est encore dans le doute quant à sa culpabilité ou à son innocence? Le dilemme n'est pas nouveau: ou le délit est certain, ou il ne l'est pas; s'il est certain, il ne faut lui appliquer d'autre peine que celle qu'ont fixée les lois, et la torture est inutile, puisque l'aveu du coupable n'est plus nécessaire; s'il est incertain, on ne doit pas torturer un innocent, puisque tel est, selon la loi, un homme dont les délits ne sont pas prouvés. »

Cesare Beccaria, *Des délits et des peines*, 1764.

第12条
Article 12

誰もが、私生活、家族、住居、通信に関して、
不当に干渉されたり、
名誉や評判を傷つけられることはない。
すべての人は、
このような干渉や攻撃に対して、
法律の保護を受ける権利をもっている。

No one shall be subjected to arbitrary
interference with his privacy, family, home or
correspondence, nor to attacks upon his
honour and reputation. Everyone has the
right to the protection of the law against such
interference or attacks.

Nul ne sera l'objet d'immixtions arbitraires
dans sa vie privée, sa famille, son domicile ou
sa correspondance, ni d'atteintes à son
honneur et à sa réputation. Toute personne a
droit à la protection de la loi contre de telles
immixtions ou de telles atteintes.

イラスト | **セバスチャン・ムラン** *Sébastien Mourrain*

「1948年の世界人権宣言は、民主的な思想を明白にのべ、自由選挙に言及している点で、より的確と思われる。自由選挙は、民主的な思想が、いわば権力分立よりも民主的な制度としてあらわされたものである。しかし、1948年の世界人権宣言第12条で私生活の権利の保護が定められていることから、（略）1789年の憲法制定議会議員が理想としていた『ノモス（法）』の支配による国家と、個人の権利を尊重するよりも経済や社会の権利を実現することが要求される『現代国家』のあいだにある隔たりが浮き彫りになった」

レイモン・アロン
「社会学的思考と人権」、『政治研究』 1972年

"The Universal Declaration of Human Rights of 1948 seems to be more precise in explicitly stating democratic ideas and referring to free elections. Free elections represent another institutional translation of the democratic idea, more democratic than the separation of powers. However, Article 12 of the 1948 Declaration which stretches to preserve the right to privacy [...] is not enough to conceal the gap between the nomocratic state idealized by the 1789 members of the Constituent Assembly, and the modern state from which the respect for individual rights is demanded less than the fulfillment of social rights."

Raymond Aron, "Sociological Thoughts and Human Rights", *Political Studies*, 1972.

« La Déclaration de 1948 semble plus precise en explicitant l'idée démocratique et en se référant à des libres élections. Celles-ci représentent une autre traduction institutionnelle de l'idée démocratique, plus démocratique, si l'on veut, que la séparation des pouvoirs. Mais l'article 12 de la Déclaration de 1948 qui tend à préserver le droit à la vie privée […] ne suffit pas à dissimuler l'intervalle entre l'État nomocratique dont rêvaient les Constituants de 1789 et l'État moderne, duquel on exige moins le respect des droits individuels que l'accomplissement des droits économiques et sociaux. »

Raymond Aron, « Pensées sociologiques et droits de l'homme », *Études politiques*, 1972.

「信者たちよ。そこに住む人びとからむ
かえられ、彼らにあいさつをしてからで
なければ、自分のものではない家に入っ
てはならない。そうすれば、あなたがた
は認められる。このことは、覚えていた
ほうがよい」

コーラン、24章（アン・ヌール [御光] 章）、27節

"To those who believe! Do not enter a
house that is not yours unless you are
welcomed by its owners to whom you will
greet. Then, you will be accepted. It's best
to remember this."

The Quran, surah 24 (An-Nur, "The light"), verse 27.

« Ô vous qui croyez ! N'entrez pas dans
une maison qui n'est pas la vôtre que vous
n'y soyez accueillis par ses habitants,
qu'alors vous saluerez: cela vous sera
reconnu, puissiez-vous vous en souvenir. »

Le Coran, sourate 24 (An-Nur, « La lumière »),
verset 27.

「被告は、現体制の代表者たちが、前例にならい、力ずくで人びとの住居に入り、事務机をこじ開け、押収した品々の目録を作成しないまま書類を差し押さえる権利をもち、犯罪者の名前が誰ひとりとして記されていないたんなる一般命令が、どのような人の住居でも家宅捜索し、その人に疑いの目を向けることのできる自由裁量権をあたえていると主張している。しかし、国務卿の地位にあるものが、そのような権力をもち、その権力を部下たちに委任することができるならば、王国のすべての住民は、その身体あるいは財産を危険にさらされていることになる。そのようなことがあれば、市民の自由に完全に反するだろう」

ウィルクス事件の判決　1763年

"The defendants claimed that the representatives of law and order have a right, under precedents, to force persons' houses, break open escritores, seize their papers, etc., where no inventory is made of the things thus seized, and that a simple general order without indicating any name of delinquent confers to them a discretionary power to search wherever their suspicions may chance to fall. If such a power is truly invested in a Secretary of State, and he can delegate this power to his subordinates, it certainly may affect the person and property of every man in this kingdom, and is totally subversive of the liberty of the subject."

Judgement on Wilkes Affair, 1763.

« Les défendeurs soutiennent qu'en vertu des précédents établis les représentants de l'ordre ont le droit d'entrer de force chez les gens, de fracturer leur bureau, de saisir leurs papiers, etc., sans avoir à faire l'inventaire des objets ainsi saisis, et qu'un simple ordre général ne portant aucun nom de délinquant leur confère des pouvoirs discrétionnaires pour perquisitionner chez toute personne sur laquelle peuvent tomber leurs soupçons. Si vraiment un secrétaire d'État jouit de tels pouvoirs et peut les déléguer à ses subordonnés, tout habitant de ce royaume risque d'avoir à en souffrir dans sa personne ou dans ses biens, et cela va totalement à l'encontre de la liberté du citoyen. »

Jugement de l'affaire Wilkes, 1763.

「私生活と家庭生活が尊重される権利
1. すべての人は、私生活と家庭生活、住居と通信が尊重される権利をもっている。
2. この権利を行使するにあたっては、法律にもとづいて、国家の安全、公の安全、国家の経済的安定、秩序の維持、犯罪防止、健康や道徳の保護、他人の権利と自由の保護のために、民主的な社会で必要な措置以外、公の機関による干渉があってはならない」

人権と基本的自由の保護のための条約、第1節、権利と自由、第8条、ローマ、1950年11月4日

"Right to respect for private and family life
1 Everyone has the right to respect for his private and family life, his home and his correspondence.
2 There shall be no interference by a public authority with the exercise of this right except such as is in accordance with the law and is necessary in a democratic society in the interests of national security, public safety or the economic well-being of the country, for the prevention of disorder or crime, for the protection of health or morals, or for the protection of the rights and freedoms of others."

Convention for the Protection of Human Rights and Fundamental Freedoms, Section I Rights and Freedoms, Article 8, Rome, November 4th, 1950. (The Council of Europe)

« Droit au respect de la vie privée et familiale

1. Toute personne a droit au respect de sa vie privée et familiale, de son domicile et de sa correspondance.
2. Il ne peut y avoir ingérence d'une autorité publique dans l'exercice de ce droit que pour autant que cette ingérence est prévue par la loi et qu'elle constitue une mesure qui, dans une société démocratique, est necessaire à la sécurité nationale, à la sûreté publique, au bienêtre économique du pays, à la défense de l'ordre et à la prévention des infractions pénales, à la protection de la santé ou de la morale, ou à la protection des droits et libertés d'autrui. »

Convention de sauvegarde des droits de l'homme et des libertés fondamentales, titre I, Droits et libertés, article 8, Rome, 4 novembre 1950.

第13条
Article 13

1.すべての人は、
自国のなかで自由に移動し、
住む場所を選ぶ権利をもっている。
2.すべての人は、
自国を含むどの国からでも立ち去り、
ふたたび自国に戻る権利をもっている。

1. Everyone has the right to freedom of
movement and residence within the
borders of each state.
2. Everyone has the right to leave any
country, including his own, and to return
to his country.

1. Toute personne a le droit de circuler
librement et de choisir sa residence à
l'intérieur d'un État.
2. Toute personne a le droit de quitter tout
pays, y compris le sien, et de revenir dans
son pays.

イラスト | **マルク・ブタヴァン** *Marc Boutavant*

「私は牢獄に入ったことは一度もないし、見学するためでさえ足を踏みいれたことはない。牢獄など、外から眺めているところを想像するだけで、不愉快になる。私は自由を強く求めているので、インド諸国のどこか人里離れた場所に近づくことを禁じられただけでも、なんとなく居心地の悪さを感じながら生活することになるだろう。だから、大地と空が開かれた場所が見つかるかぎり、身を隠さなければならない場所で埋もれたままでいるつもりはない。わが国の法律に逆らったため、王国のどこか一地方に留め置かれて、大都市や宮廷に出入りすることを禁じられ、公道を通ることもできない人が大勢いる。ああ、私はそのような境遇には、到底耐えられないだろう。私が奉仕している法律が、ほんのわずかでも私の身を危険にさらしそうになったら、すぐに別の法律を探しに、どこへでも行くつもりだ。内乱の社会を生きているいま、私は行き来する自由を妨げられないように、わずかながらも知恵をしぼっている」

ミシェル・ド・モンテーニュ
『エセー』、第3巻、第13章、「経験について」
1580〜88年

"I have never been to prison, not even for a visit. Just the thought of it from the outside is unpleasant. I am so enamoured of liberty, that if someone forbids me to access some corner of the Indies, I will live less at ease. And as long as I can find open land and air elsewhere, I will never languish in a place where I have to hide. My God! How ill should I endure the condition in which I see so many people living, chained to a corner of the kingdom, deprived of the right to enter the large cities and courts, and to use the public roads, for having quarrelled with our laws. If the law I serve threatens me even slightly, I will immediately go look for others, wherever they are. I am using all my wisdom in this age of civil wars, to ensure that they may not interrupt my liberty to come and go."

Michel de Montaigne, *Essays*, Book III, Chapter XIII, "Of Experience," 1580-1588.

« Je ne suis jamais allé en prison, pas même pour m'y promener. L'imagination m'en rend la vue déplaisante, même de l'extérieur. J'ai un tel faible pour la liberté que si quelqu'un m'interdisait l'accès à quelque coin des Indes, j'en vivrais un peu moins à mon aise. Et tant que je pourrai trouver terre et air ouverts ailleurs, je ne croupirai pas dans un lieu où je doive me cacher. Mon Dieu! Comme je supporterais mal les conditions dans lesquelles je vois vivre tant de gens, rivés à un quartier de ce royaume, empêchés de pouvoir entrer dans les grandes villes et les cours, comme de l'usage des voies publiques, pour avoir cherché querelle à nos lois! Si celles que je sers me menaçaient seulement du bout des doigts, je m'en irais aussitôt en chercher d'autres, où que ce soit. Toute ma petite sagesse, dans les guerres civiles que nous connaissons, je l'emploie à faire en sorte qu'elles ne viennent pas interrompre ma liberté d'aller et venir. »

Michel de Montaigne, *Essais*, livre III, chap. xiii, « Sur l'expérience », 1580-1588, traduction en français moderne.

「ベルギーのビルボールドに住んでいて、香港で生活したいと思っている人にとって、一番難しいのは、香港へ行くことではない。ビルボールドを離れることである」

ジャック・ブレル（1929～78年）

"For a person who lives in Vilvoorde, Belgium, and wants to go to Hong Kong, the most difficult thing is not going to Hong Kong. It is to leave Vilvoorde."

Jacques Brel (1929-1978).

« Le plus difficile pour un homme qui habite Vilvoorde et qui veut aller vivre à Hong Kong, ce n'est pas d'aller à Hong Kong, c'est de quitter Vilvoorde. »

Jacques Brel (1929-1978).

「だから、旅行は判断力を養い、人間を磨くのである。植物には、移植されたあとによい実をつけるものがあるが、それと同じだといえる」

フランソワ＝ジャック・ドセーヌ（1715年没）

"Hence, travel is what facilitates our faculty of reason and cultivates one's self, much like a plant which can only bear good fruit after it has been transplanted."

François-Jacques Deseine, (died 1715).

« Tant il est vrai qu'on est persuadé que les voyages forment le jugement et perfectionnent l'homme, qu'on prétend être comme ces plantes qui ne peuvent porter de bons fruits qu'après avoir été transplantées. »

François-Jacques Deseine (mort en 1715).

「自分たちが旅をつくりあげていると思っている人たちがいるが、実際には、旅が私たちをつくりあげたり、解体したりしているのである」

ニコラ・ブーヴィエ
『世界の使い方』 1963年

"Some believe they are on a journey, when in fact it is the journey that will make or undo them."

Nicolas Bouvier, *The Use of the World*, 1963.

« Certains pensent qu'ils font un voyage, en fait, c'est le voyage qui vous fait ou vous défait. »

Nicolas Bouvier, *L'Usage du monde*, 1963.

第14条
Article 14

1. すべての人は、迫害を受けたとき、
他国に避難することを求め、
そこで安全を確保する権利をもっている。
2. この権利は、普通法に背いた犯罪や、
国際連合の目的と原則に反する行為が原因で
起訴された場合には、主張することができない。

1. Everyone has the right to seek and to enjoy in other countries asylum from persecution.
2. This right may not be invoked in the case of prosecutions genuinely arising from non-political crimes or from acts contrary to the purposes and principles of the United Nations.

1. Devant la persécution,toute personne a le droit de chercher asile et de bénéficier de l'asile en d'autres pays.
2. Ce droit ne peut être invoqué dans le cas de poursuites réellement fondées sur un crime de droit commun ou sur des agissements contraires aux buts et aux principes des Nations Unies.

イラスト | クネス *Kness*

「本書を、気高く平凡な人びとが海とともに生きるこの古いノルマンディー〔フランス北西部の地方〕の地のはてにある歓待と自由の岩礁、現在の私の厳しくもおだやかな隠れ家であり、おそらく私の墓となるガーンジー島に捧げる」

ヴィクトル・ユゴー
『海に働く人びと』 1866年

"I dedicate this book to the reef of hospitality and freedom, to this corner of old Normandy where the noble and ordinary people of the sea live, the severe but gentle island of Guernsey, that serves as my current asylum and will probably become my tomb."

Victor Hugo, *Toilers of the Sea*, 1866.

« Je dédie ce livre au rocher d'hospitalité et de liberté, à ce coin de vieille terre normande où vit le noble petit peuple de la mer, à l'île de Guernesey, sévère et douce, mon asile actuel, mon tombeau probable. »

Victor Hugo, *Les Travailleurs de la mer*, 1866.

「数えきれないほど多くの人が、戦争や飢餓の犠牲者となり、死から逃れるために避難する場所を求めて、生きる希望へ向かう道を歩んでいます。このような悲劇を前にして、福音は、もっとも弱い立場にある人びとや見捨てられた人びとの隣人となり、彼らに具体的な希望をあたえることをわれわれに求めているのです」

ローマ教皇フランシスコ、2015年9月6日の呼びかけ

"Faced with the tragedy of tens of thousands of refugees who are fleeing death from war and hunger and who are on a path toward a hope for life, the Gospel calls upon us to be neighbours to the smallest and the most abandoned, and to give them concrete hope."

Pope Francis, Appeal of September 6th, 2015.

« Face à la tragédie des dizaines de milliers de demandeurs d'asile qui fuient la mort, victimes de la guerre et de la faim et qui sont en chemin vers une espérance de vie, l'Évangile nous appelle et nous demande d'être les prochains des plus petits et des plus abandonnés, à leur donner une espérance concrète. »

Pape François, appel du 6 septembre 2015.

「ある国の憲法が、外国人に安全な避難
場所を提供しているのは、特別のはから
いをしているのではなく、熟慮にもとづ
く意志を示しているわけでもない。それ
は、すべての国のすべての人がもってい
る権利を認めているだけである。この権
利を奪えば、これまでの人間の歴史を汚
してきた数々の野蛮な行為に、さらにひ
とつの野蛮な行為を加えることになる」

ドミンゴ・ファウスティーノ・サルミエント
(1811〜88年)

"When the Constitution of a State
provides foreigners inviolable asylum, it is
not granting a favor, nor is it a deliberate
act of its will. It is the recognition of a
right that belongs to all humans
throughout the nations. The violation of
this right would be counted as one of
many acts of barbarism that have stained
human history."

Domingo Faustino Sarmiento, (1811-1888).

« Quand la Constitution d'un État offre
aux étrangers un asile inviolable, il
n'accorde pas une faveur et ce n'est pas un
acte délibéré de sa volonté. Il reconnaît un
droit qui appartient à tous les hommes
dans tous les pays et dont la violation
serait un de ces nombreux actes de
barbarie qui ont entaché l'histoire
humaine. »

Domingo Faustino Sarmiento (1811-1888).

「亡命者（近代政治史）。ナントの勅令〔プロテスタント教徒にカトリック教徒とほぼ同じ権利を認めた勅令〕が廃止されたあと、熱意のあまり無分別で徹底的な人びとから受けた迫害を逃れるために、フランス国外へ出ることを強いられ、外国に安住の地を見つけなければならなかったフランスのプロテスタント教徒のことを、このように呼んだ。これ以降、フランスからは、必ずしもフランスのために使われたわけではなかったが、芸術、才能、資金をこの国にもたらした大勢の市民が奪われた。これほど多くの有益な国民を失ったことで王国が受けた深い痛手を嘆かないまともなフランス人など、もうかなり以前から存在しない。しかし恥ずべきことだが、この18世紀に、君主が決定をくださなかったら絶対に実行できないこの上なく有害なやり方を、政治と理性の点から無理やり正当化していた、かなりたちが悪い、あるいはかなりずうずうしい人びとがいた。フランス王ルイ14世は、プロテスタント教徒を迫害した結果、自分の王国から100万人の器用な人びとを奪った。これらの人びとは、思想の自由にとって敵である一握りの邪悪な市民、無知蒙昧のなかでしか国を統治できない人間の利益と野望の犠牲になったのである。迫害の精神は、すべての見識ある政権によって抑圧されなければならない。自分と異なる宗教を信じる同胞たちの信仰をたえず妨害しようとする人間を罰すれば、すべての宗派が完全な調和のなかで存在し、人びとはみな競って祖国の役に立ち、主君に忠実な市民となるだろう」

ドゥニ・ディドロ
「亡命者」、『百科全書、または学問・芸術・工芸の合理的辞典』、ディドロ＆ダランベール編
1751〜72年

"Refugees (Modern Political History). This is what people called the French Protestants who were forced to leave France and seek asylum in foreign lands in order to escape the persecutions caused by the blind and reckless zeal after the revocation of the Edict of Nantes.

Since then, France has been deprived of a large number of its citizens who brought to the country's enemies the arts, talents and resources which have often been used against France.

There has not been a sensible Frenchman who did not lament for a long time the deep wounds of their kingdom caused by the loss of many valuable subjects. Nonetheless, it brings shame to this 18th century that there exist some inconsiderate and impudent people who justify in the name of politics and reason the most harmful and disastrous practices carried out by the council of sovereign.

By persecuting the protestants, King Louis XIV deprived his kingdom of a million of its industrious people whom he sacrificed for the self interest and ambition of a handful of evil citizens who are enemies to freedom of thought, since they can only reign in the shadow of ignorance.

The mentality of persecution must be repressed by all enlightened governments: if we punish those who constantly seek to disturb the faith of their fellow citizens with different opinions, all sects will exist in perfect harmony and people will compete to be helpful citizens loyal to their prince."

Denis Diderot, "Refugees," *Encyclopaedia, or a Systematic Dictionary of the Sciences, Arts, and Crafts*, edited by Diderot and d'Alembert, 1751-1772.

« Réfugiés (Histoire moderne politique) C'est ainsi que l'on nomme les protestants français que la révocation de l'édit de Nantes a forcés de sortir de France, et de chercher un asile dans les pays étrangers, afin de se soustraire aux persécutions qu'un zèle aveugle et inconsidéré leur faisait éprouver dans leur patrie. Depuis ce temps, la France s'est vue privée d'un grand nombre de citoyens qui ont porté à ses ennemis des arts, des talents, et des ressources dont ils ont souvent usé contre elle. Il n'est point de bon Français qui ne gémisse depuis longtemps de la plaie profonde causée au royaume par la perte de tant de sujets utiles. Cependant, à la honte de notre siècle, il s'est trouvé de nos jours des hommes assez aveugles ou assez impudents pour justifier aux yeux de la politique et de la raison, la plus funeste démarche qu'ait jamais pu entreprendre le conseil d'un souverain. Louis XIV, en persécutant les protestants, a privé son royaume de près d'un million d'hommes industrieux qu'il a sacrifiés aux vues intéressées et ambitieuses de quelques mauvais citoyens, qui sont les ennemis de toute liberté de penser, parce qu'ils ne peuvent régner qu'à l'ombre de l'ignorance. L'esprit persécuteur devrait être réprimé par tout gouvernement éclairé : si l'on punissait les perturbateurs qui veulent sans cesse troubler les consciences de leurs concitoyens lorsqu'ils diffèrent dans leurs opinions, on verrait toutes les sectes vivre dans une parfaite harmonie, et fournir à l'envi des citoyens utiles à la patrie, et fidèles à leur prince. »

Denis Diderot, « Réfugiés », *Encyclopédie ou Dictionnaire raisonné des sciences, des arts et des métiers*, sous la direction de Diderot et d'Alembert, 1751-1772.

第15条
Article 15

1.誰もが、国籍をもつ権利がある。
2.誰もが、国籍や、国籍を変更する権利を
不当に奪われることはない。

1. Everyone has the right to a nationality.
2. No one shall be arbitrarily deprived of
his nationality nor denied the right to
change his nationality.

1. Tout individu a droit à une nationalité.
2. Nul ne peut être arbitrairement privé
de sa nationalité, ni du droit de changer
de nationalité.

イラスト | リオネル・リシュラン *Lionel Richerand*

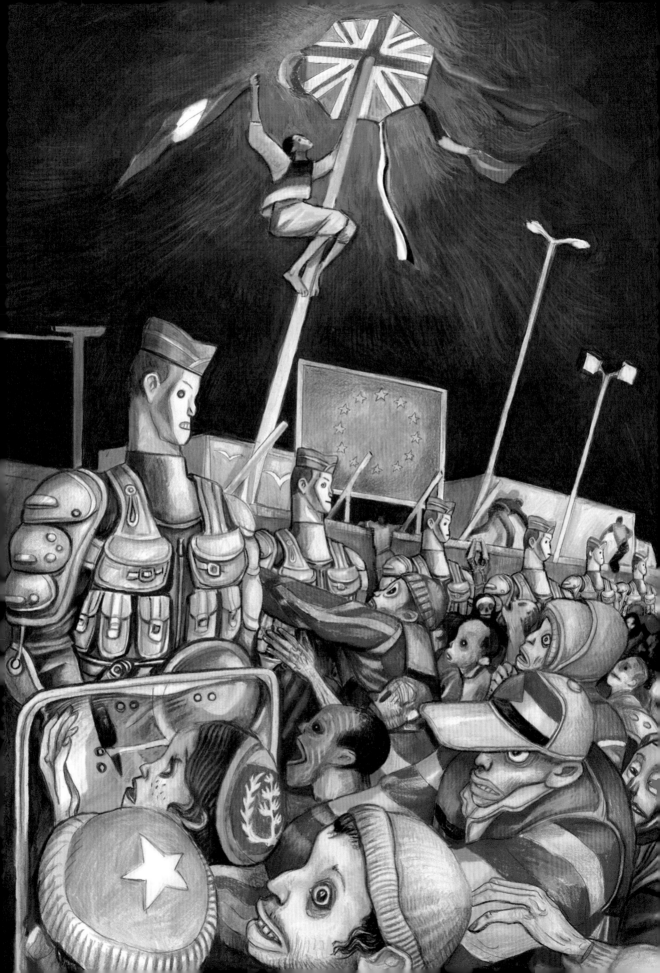

「市民権を奪われることは、世界への帰属を禁じられることである」

ハンナ・アーレント
『全体主義の起源』 1951年

"To be uprooted means to have no place in the world."

Hannah Arendt, *The Origins of Totalitarianism*, 1951.

« Être déchu de sa citoyenneté, c'est être privé de son appartenance au monde. »

Hannah Arendt, *Les Origines du totalitarisme*, 1951.

「生まれながらの政治亡命者である私は、祖国を失ったことによる現実的な利点と、深刻な不都合をともに知っている。祖国がなければ、世界観が広がり、人間に対する理解が深まる。また、息苦しい順応主義や自治主義の霧が追いはらわれ、じつのところただの自己満足にすぎないうぬぼれた愛国心をもたずに済む。しかし、生きぬくための競争においては、きわめて厳しい不利な状況に置かれてしまう。私は、専制的な権力によって国籍をもつ権利まで奪われた『無国籍者』という大きな社会階層が誕生するのを目にした。実際には、この無国籍者たちは、自分自身の祖国と人類共通の祖国にこの上なく愛着をもっている。しかし彼らの生存権は、主人も領主もいないため、権利も身を守るすべもなかった中世の『流れ者』、一種の侮辱的な呼称となったこの『流れ者』の生存権と同等なのである」

ヴィクトル・セルジュ
『一革命家の回想と、そのほか政治に関する文章（1908〜47年)』 1951年

"Born as a political exile, I know the real advantages and severe disadvantages of being uprooted. It broadens one's view of the world and knowledge of humans, dispels the fog of conformity and the suffocating particularism, and saves one from having a complacent patriotism, which is in truth, only a mediocre self-satisfaction. However, it brings a most serious handicap in the struggle for existence. I have witnessed the birth of a large category of "stateless people," to whom tyrannies deny even their nationality. In fact, these people are most attached to their own homeland as well as the homeland of humanity. Yet, their right to live is equivalent to that of medieval people insultingly called "vagrant" who had no rights and no means to protect themselves because they neither had a master nor a lord."

Victor Serge, *Memoirs of a Revolutionary,and other political writings(1908-1947)*,1951.

« Exilé politique de naissance, j'ai connu les avantages reels et les lourds inconvénients du déracinement. Il élargit la vision du monde et la connaissance des hommes; il dissipe les brouillards des conformismes et des particularismes étouffants; il préserve d'une suffisance patriotique qui n'est en vérité que médiocre contentement de soi-même; mais il constitue dans la lute pour l'existence un handicap plus que sérieux. J'ai vu naître la grande catégorie des "apatrides", c'est-à-dire des hommes auxquels les tyrannies refusent jusqu'à la nationalité. Quant au droit de vivre, la situation des apatrides, qui sont en réalité les hommes les plus attachés à leurs patries et à la patrie humaine, ne se peut comparer qu'à celle de l'homme "sans aveu" du Moyen Âge qui, n'ayant ni maître ni suzerain, n'avait ni droit ni défense, et dont le seul nom est devenu une sorte d'insulte. »

Victor Serge, *Mémoires d'un révolutionnaire et autres écrits politiques (1908-1947)*, 1951.

「祖国を失うことは、人間社会のずば抜けてもっとも危険な病気である。なぜなら、それは自己増殖していくからだ。完全に祖国を失った人間には、次のふたつの態度をとることしかほとんど許されない。つまり、古代ローマ時代の奴隷の大部分と同じように、死んだも同然の魂の無気力状態に陥るか、まだ祖国を失っていないか、一部しか失っていない人びとから、たいていはきわめて暴力的な手段によって祖国を失わせることを目指す活動に参加するか、のどちらかである。

ローマ人は一握りの亡命者にすぎず、彼らが人為的に寄り集まって都市がつくられた。彼らは地中海沿岸地域に住んでいた人びとから、その固有の生活、祖国、伝統、過去を奪った。それがあまりにも徹底的だったので、後世の人びとは彼ら自身の言葉を信じて、ローマ人をこの地域の文明の創始者とみなしたほどである。ヘブライ人は脱走した奴隷で、パレスチナのすべての住民を駆逐するか、隷属状態にした。ヒトラーが支配者となったとき、彼自身がつねにいっていたように、ドイツは完全にプロレタリアートの国家、つまり、祖国を失った人びとの国家だった。1918年の屈辱、インフレーション、極端な工業化、そしてとくに、きわめて深刻な失業の危機が、あまりにもひどい道徳的な病気をこの国にもたらし、無責任な社会をつくってしまったからである」

シモーヌ・ヴェイユ
『根をもつこと、人間に対する義務宣言へのプレリュード』 1949年

"Being uprooted from one's homeland is the most dangerous disease in human societies, because it multiplies itself. People who are truly uprooted only have two possible behaviors: either to fall into lethargy of the soul resembling death, like most of the slaves in the days of the Roman Empire, or, to throw themselves into activities which aim to uproot, often in the most violent methods, those who are not yet, or are only partially uprooted. The Romans were a handful of fugitives, who artificially congregated to create a city. They deprived the Mediterranean population of their own lives, homeland, tradition, and their past, to such a degree that the generations that followed believed in their words and saw the Romans as the founders of the civilization of this region. The Hebrews were escaped slaves, and they either exterminated or subjected to servitude all peoples of Palestine. The Germans, when Hitler took them over, were truly, as he always insisted, a nation of proletarians, that is to say of uprooted people. The humiliation of 1918, the inflation, the over-industrialization and above all the extreme severity of the unemployment crisis have infected them with a terrible illness of morality to the acute point where irresponsibility was brought about."

Simone Weil, *The Need for Roots: prelude to a declaration of duties towards mankind*, 1949.

« Le déracinement est de loin la plus dangereuse maladie des sociétés humaines, car il se multiplie lui-même. Des êtres vraiment déracinés n'ont guère que deux comportements possibles: ou ils tombent dans une inertie de l'âme presque équivalente à la mort, comme la plupart des esclaves au temps de l'Empire romain, ou ils se jettent dans une activité tendant toujours à déraciner, souvent par les méthodes les plus violentes, ceux qui ne le sont pas encore ou ne le sont qu'en partie. Les Romains étaient une poignée de fugitifs qui se sont agglomérés artificiellement en une cité; et ils ont privé les populations méditerranéennes de leur vie propre, de leur patrie, de leur tradition, de leur passé, à un degré tel que la postérité les a pris, sur leur propre parole, pour les fondateurs de la civilisation sur ces territoires. Les Hébreux étaient des esclaves évadés, et ils ont exterminé ou réduit en servitude toutes les populations de Palestine. Les Allemands, au moment où Hitler s'est emparé d'eux, étaient vraiment, comme il le répétait sans cesse, une nation de prolétaires, c'est-à-dire de déracinés; l'humiliation de 1918, l'inflation, l'industrialisation à outrance et surtout l'extrême gravité de la crise de chômage avaient porté chez eux la maladie morale au degré d'acuité qui entraîne l'irresponsabilité. »

Simone Weil, *L'Enracinement. Prélude à une déclaration des devoirs envers l'être humain*, 1949.

第16条
Article 16

1. 成人した男女には、人種、国籍、宗教にかかわらず、
結婚して家庭をもつ権利がある。
成人した男女は、結婚するとき、結婚の期間中、
結婚の解消時に、平等の権利をもっている。
2. 結婚は、当事者ふたりの自由で完全な合意が
あったときにだけ成立する。
3. 家庭は、自然で基本的な社会単位で、
社会と国家の保護を受ける権利がある。

1. Men and women of full age, without any limitation due to race,
nationality or religion, have the right to marry and to found a
family. They are entitled to equal rights as to marriage, during
marriage and at its dissolution.
2. Marriage shall be entered into only with the free and full
consent of the intending spouses.
3. The family is the natural and fundamental group unit of society
and is entitled to protection by society and the State.

1. À partir de l'âge nubile, l'homme et la femme, sans aucune
restriction quant à la race, la nationalité ou la religion, ont le droit
de se marier et de fonder une famille. Ils ont des droits égaux au
regard du mariage, durant le marriage et lors de sa dissolution.
2. Le mariage ne peut être conclu qu'avec le libre et plein
consentement des futurs époux.
3. La famille est l'élément naturel et fundamental de la société et a
droit à la protection de la société et de l'État.

イラスト | モーモン *Maumont*

「男性が女性をものとして『楽しむ』ため、つまり、単純に動物的な共同体のなかで女性と一緒にその場の快楽を得るために欲情をいだき、女性もまた同じ目的で男性に身を任せるためには、両者が人格を捨てなければならない（肉体的、あるいは獣的な同居）。つまり両者の結合は、他人の所有になるという理由で人格そのものをたがいに放棄する『結婚』という条件でしか行なうことができず、たがいに相手の肉体を使用するために人間性を失わないという契約を『あらかじめ』結ぶ必要がある。（略）

　同様に、男性が女性とともに、自分たちの『共同作品』（『産出物』）である子どもをつくるためには、両者が子どもに対して、また両者がたがいに、その子どもを育てる『義務』を負う契約を結ばなければならない。（略）」

イマヌエル・カント
『法論』、『人倫の形而上学』の第1部　1795年

"In order for a man to "enjoy" a woman, or in simpler terms, to lust for a woman to experience an immediate pleasure with her in an animalistic community, in the same way, in order for a woman to give herself to a man for the same purpose, they must leave behind their personality (cohabitation for physical or animalistic purposes.) That is to say, their union is feasible only under condition of marriage that is a reciprocal abandon of their personalities for the reason of being possessions of others, and they must make an agreement beforehand so that they may not lose their humanity in order to use each other's bodies. […] Likewise, a man cannot conceive a child with a woman, as their "co-creation" (res artificialis), when the two parties contract towards the child and towards each other the obligation to raise it […]."

Immanuel Kant, *The Theory of Law, The Metaphysics of Morals I*, 1795.

« L'homme ne peut désirer la femme pour en jouir comme d'une chose, c'est-à-dire pour éprouver avec elle un plaisir immédiat dans une communauté simplement animale, et la femme ne peut se donner à lui dans le même but, sans que les deux parties ne renoncent à leur personnalité (cohabitation charnelle ou bestiale), c'est-à-dire que leur union ne peut avoir lieu que sous la condition du mariage, qui, comme abandon réciproque de sa personne même à la possession de l'autre, doit être préalablement conclu, afin que l'on ne perde pas son humanité dans l'usage corporel qu'une partie fait de l'autre. […]
De même l'homme ne peut procréer avec la femme un enfant, comme étant leur ouvrage commun (res artificialis), sans que les deux parties ne contractent envers l'enfant et l'une envers l'autre l'obligation de l'élever […]. »

Emmanuel Kant, *Doctrine du droit, première partie de la Métaphysique des moeurs*, 1795.

「最も自由であると思われている社会、あるいは、最も自由であると錯覚している社会であっても、人間社会というものは、結婚制度によって、縁組をつかさどる規則によって、また、その規則の適用方法によって、みずからの未来を支配し、象徴体系や、社会がみずからの完成に対していだいているイメージに応じて、社会構造を維持することで生きのびようと試みている」

ジョルジュ・デュビー
『中世の結婚　騎士・女性・司祭』 1981年

"Through the institution of marriage, through the rules of alliances, and the way they are applied, human societies, even those that claim to be the freest or have the illusion of being so, govern their future. Thus, they attempt to perpetuate themselves, through the maintenance of their structures, according to a symbolic system, and the image these societies have of their own perfection."

Georges Duby, *Medieval Marriage: Night, Woman and Priest*, 1981.

« C'est par l'institution matrimoniale, par les règles qui président aux alliances, par la manière dont sont appliquées ces règles, que les sociétés humaines, celles mêmes qui se veulent les plus libres ou qui se donnent l'illusion de l'être, gouvernent leur avenir, tentent de se perpétuer dans le maintien de leurs structures, en fonction d'un système symbolique, de l'image que ces sociétés se font de leur propre perfection. »

Georges Duby, *Le Chevalier, la femme et le prêtre. Le Mariage dans la France féodale*, 1981.

「あらゆる社会のなかでもっとも古く、唯一の自然な社会は、家族という社会である。子どもは、自己保存のために父親が必要なあいだだけ、父親に結びつけられている。その必要がなくなるとすぐに、この自然な結びつきはほどける。子どもは父親に従う義務を免れ、父親も子どもの面倒を見る義務を免れて、両者はたがいに独立した状態に戻る。もし、彼らが引きつづき結びついたままでいるなら、自然にそうなっているのではなく、自発的にそうしているのである。つまり、家族でさえ協定によってでなければ持続しない。

　父親と子どもに共通するこの自由は、人間本来の性質に由来する。その性質の第一の掟は、自己保存に気を配ることで、その第一の配慮は、自分自身に対する配慮である。分別のつく年齢に達したら、人間は自分だけが自己保存にふさわしい手段の判定者になり、そのことによって、自分自身の主人となる」

ジャン＝ジャック・ルソー
『社会契約論、あるいは政治的権利の原理』　1762年

"The oldest of all society and the only natural one is the family. Children are tied with the father only so long as they need the father. The natural bond immediately unties when the demand disappeares. The child thus is freed from the obligation to comply with his father and the father is freed from his obligation to take care of his child. As a result, both of them equally recover their independence. If they remain connected, they do not do so naturally but voluntarily. Thus the family is maintained only by convention. The liberty common between a father and his child originates from the nature of man. The first law of human nature is self-conservation, and the first care is the consideration for itself. Soon after a man reaches the age of reason, he becomes the best judge for his means of self-conservation. And thus, he becomes the master of himself."

Jean-Jacques Rousseau, *The Social Contract or The Principle of Political Right*, 1762.

« La plus ancienne de toutes les sociétés et la seule naturelle est celle de la famille: encore les enfants ne restent-ils liés au père qu'aussi longtemps qu'ils ont besoin de lui pour se conserver. Sitôt que ce besoin cesse, le lien naturel se dissout. Les enfants, exempts de l'obéissance qu'ils devaient au père, le père, exempt des soins qu'il devait aux enfants, rentrent tous également dans l'indépendance. S'ils continuent de rester unis, ce n'est plus naturellement, c'est volontairement; et la famille elle-même ne se maintient que par convention.

Cette liberté commune est une conséquence de la nature de l'homme. Sa première loi est de veiller à sa propre conservation, ses premiers soins sont ceux qu'il se doit à lui-même; et sitôt qu'il est en âge de raison, lui seul étant juge des moyens propres à le conserver, devient par là son propre maître. »

Jean-Jacques Rousseau, *Du contrat social ou Principes du droit politique*, 1762.

「結婚は、普遍的に存在する近親相姦の禁止に対する、人間社会全体に共通する答えである」

エリザベート・バダンテール
『男は女、女は男』 2002年

"Marriage is the common response in human society to the universal prohibition of incest. "

Elisabeth Badinter, *Man/Woman: The One is the Other*, 2002.

« Le mariage est la réponse universelle des sociétés humaines à l'interdiction, tout aussi universelle, de l'inceste. »

Élisabeth Badinter, *L'un est l'autre. Des relations entre hommes et femmes*, 2002.

第17条
Article 17

1. すべての人は、ひとりでも、
ほかの人と共同でも、
財産を所有する権利をもっている。
2. 誰もが、
財産を不当に奪われることはない。

1. Everyone has the right to own property
alone as well as in association with others.
2. No one shall be arbitrarily deprived of
his property.

1. Toute personne, aussi bien seule qu'en
collectivité, a droit à la propriété.
2. Nul ne peut être arbitrairement privé de
sa propriété.

イラスト | **リュック・デマルシュリエ** *Luc Desmarchelier*

「労働によって、または最初に占有した人の権利によって獲得された財産が、法律の必要性をはじめて意識させた。それぞれの場所で、畑に種をまいている、あるいは土地のまわりに溝を掘っているふたりの男がいた。彼らは、たがいにこういった。『私の穀物や果実に触らないでほしい。私もあなたのものには触れないから』。彼らが、最初の立法者だったのである」

ドゥニ・ディドロ
『大原則への手引き、あるいは、ある哲学者の受容』
1762年

"Property that are acquired by labor, or by the right of the first possessor made people aware of the necessity of law. There were two men who were seeding or ditching around their fields. They said to each other, "Don't touch my grains and fruits, please. I will never touch yours, either." They were the first legislators."

Denis Diderot, *Introduction to the Great Principles or The Acceptance of a Philosopher*, 1762.

«C'est la propriété acquise par le travail, ou par droit de premier occupant, qui fit sentir le premier besoin des lois. Deux hommes qui semèrent chacun un champ, ou qui entourèrent un terrain d'un fossé, et qui se dirent réciproquement : Ne touche pas à mes grains ou à mes fruits et je ne toucherai pas aux tiens, furent les premiers législateurs.»

Denis Diderot, *Introduction aux grands principes ou Réception d'un philosophe*, 1762.

「初期の報告書で、私は既成秩序を真正面から攻撃して、たとえば、このようにいっていた。『財産とは、窃盗である！』。このときの目的は、われわれの制度に価値がないことに抗議し、いわばそれを浮き彫りにすることだった。当時の私は、それ以外のことを考える必要がまったくなかったのである。だから、この驚くべき反響を呼んだ命題を厳密に証明した報告書で、私はあらゆる共産主義的な結論に対して抗議するつもりだった。

『経済的矛盾の体系』では、最初の定義に立ちかえり、それを確認したあと、その定義とはまったく反対の、別の秩序による考察にもとづく定義をつけ加えた。しかし、それは最初の論拠をくつがえすものでも、最初の論拠によってくつがえされるものでもありえなかった。つまり、『財産とは、自由である！』ということだ。財産とは、窃盗である。財産とは、自由である。『経済的矛盾の体系』では、このふたつの命題が証明された上で、一緒に並べられている。（略）

　したがって、ここでの財産は、その『存在』理由と『非存在』理由によって、つまり、経済制度と社会制度というふたつの側面をもつ要素として、その姿を見せていたのである」

ピエール＝ジョゼフ・プルードン
『革命家の告白、二月革命史のために』　1849年

"In my early dissertations, I directly attacked the established order and said like this, "The property, it is theft!" The purpose of saying that was to protest, so to speak, to reveal the worthlessness of our system. In those days, there was no need for me to think about anything else at all. Therefore, I intended to protest any communistic conclusion in the dissertation that closely proved that stunning thesis. In "System of Economical Contradictions," I returned to and confirmed the first definition. After that, I added another definition, which was completely converse and based on the consideration by another order. However, that did not overturn the first reasoning nor could not be overturned by it . In other words, "The property, it is liberty!" The property is theft. The property is liberty. These two propositions are proved and laid out together in the book. Therefore, the property appears here [...] with its raison d'être and its raison de non-être," in short, as an element that has two aspects, economical and social system."

Pierre-Jopseph Proudhon, *The Confessions of a Revolutionary for The History of February Revolution*, 1849.

« Dans mes premiers mémoires, attaquant de front l'ordre établi, je disais, par exemple: La propriété, c'est le vol! Il s'agissait de protester, de mettre pour ainsi dire en relief le néant de nos institutions. Je n'avais point alors à m'occuper d'autre chose. Aussi, dans le mémoire où je démontrais, par A plus B, cette étourdissante proposition, avais-je soin de protester contre toute conclusion communiste. Dans *le Système des Contradictions économiques*, après avoir rappelé et confirmé ma première définition, j'en ajoute une toute contraire, mais fondée sur des considérations d'un autre ordre, qui ne pouvaient ni détruire la première argumentation ni être détruites par elle : La propriété, c'est la liberté ! La propriété, c'est le vol ; la propriété, c'est la liberté : ces deux propositions sont également démontrées et subsistent l'une à côté de l'autre dans le Système des Contradictions. [...]

La propriété paraissait donc ici [...] avec sa raison d'être et sa raison de non-être, c'est-à-dire comme élément à double face du système économique et social. »

Pierre-Joseph Proudhon, *Les Confessions d'un révolutionnaire, pour servir à l'histoire de la révolution de février*, 1849.

「カシの木の下で拾ったドングリや、森の木々から摘んだリンゴを食べた人が、それらを自分のものにしたことはまちがいがない。それらの食べ物がその人のものであることは、誰も否定することができない。では、たずねたい。それらの食べ物がその人のものになったのは、どの時点なのか。消化したときなのか、食べたときなのか、煮たときなのか、それとも自宅にもちかえったときなのか、あるいは採取したときなのか。最初に採取したとき、その人のものにならなければ、ほかの行為はどれひとつとして所有の決め手にならないことはあきらかである。採取という労働によって、それらのものは共有のものと区別された。すべてのものの共通の母である自然が生みだしたものに、労働によってあらたな要素を加えたため、それらは採取した人の私有財産になったのである。このようにドングリやリンゴを採取した人は、人類すべての同意を得ていないから、それらを自分のものにする権利はない、という人がいるだろうか。全員の共有物をこのように自分のものにしたことは、窃盗だったのか。もし、このような同意が必要だったら、豊かな恵みをあたえられているにもかかわらず、人類は餓死していただろう。(略)契約によって共有地となっている場所を見ればわかるように、共有物の一部を手にとって、自然のままの状態から切りはなすと、そのときに所有権が発生する。

所有権が発生しなければ、共有地にはなんの意味もない。つまり、共有物を手に入れる際、共有者全員のはっきりとした同意は必要ないのである。だから、共同で使う権利のある場所で馬が食べる牧草、使用人が刈った草、自分で掘りだした石は、譲渡してもらったり承諾を得ることなく、その人のものとなる。共有状態にあるものを労働によって切りはなせば、労働した人の所有権が確定する」

ジョン・ロック
『市民政府論』 1690年

"He that is nourished by the acorns he picked up under an oak, or the apples he gathered from the trees in the wood, has certainly appropriated them to himself. No body can deny but the nourishment is his. I ask then, when did they begin to be his? when he digested? or when he eat? or when he boiled? or when he brought them home? or when he picked them up? and it is plain, if the first gathering made them not his, nothing else could. That labour put a distinction between them and common: that added something to them more than nature, the common mother of all, had done; and so they became his private right. And will any one say, he had no right to those acorns or apples, he thus appropriated, because he had not the consent of all mankind to make them his? Was it a robbery thus to assume to himself what belonged to all in common? If such a consent as that was necessary, man had starved, notwithstanding the plenty God had given him. [...] We see in commons, which remain so by compact, that it is the taking any part of what is common, and removing it out of the state nature leaves it in, which begins the property; without which the common is of no use. And the taking of this or that part, does not depend on the express consent of all the commoners. Thus the grass my horse has bit; the turfs my servant has cut; and the ore I have digged in any place, where I have a right to them in common with others, become my property, without the assignation or consent of any body. The labour that was mine, removing them out of that common state they were in, hath fixed my property in them."

John Locke, *Second Treatise of Government*, 1690.

« Celui qui se nourrit des glands qu'il a ramassés sous un chêne, ou des pommes qu'il a cueillies aux arbres d'un bois, se les est certainement appropriés. Personne ne peut nier que ces aliments soient à lui. Je demande donc : Quand est-ce que ces choses commencent à être à lui ? Lorsqu'il les a digérées, ou lorsqu'il les a mangées, ou lorsqu'il les a fait bouillir, ou lorsqu'il les a rapportées chez lui, ou lorsqu'il les a ramassées ? Il est clair que si le fait, qui vient le premier, de les avoir cueillies ne les a pas rendues siennes, rien d'autre ne le pourrait. Ce travail a établi une distinction entre ces choses et ce qui est commun ; il leur a ajouté quelque chose de plus que ce que la nature, la mère commune de tous, y a mis; et, par là, ils sont devenus sa propriété privée. Quelqu'un dira-t-il qu'il n'avait aucun droit sur ces glands et sur ces pommes qu'il s'est appropriés de la sorte, parce qu'il n'avait pas le consentement de toute l'humanité pour les faire siens ?

Était-ce un vol, de prendre ainsi pour soi ce qui appartenait à tous en commun? Si un consentement de ce genre avait été nécessaire, les hommes seraient morts de faim en dépit de l'abondance des choses [...]. Nous voyons que sur les terres communes, qui le demeurent par convention, c'est le fait de prendre une partie de ce qui est commun et de l'arracher à l'état où la laisse la nature qui est au commencement de la propriété, sans laquelle ces terres communes ne servent à rien. Et le fait qu'on se saisisse de ceci ou de cela ne dépend pas du consentement explicite de tous. Ainsi, l'herbe que mon cheval a mangée, la tourbe qu'a coupée mon serviteur et le minerai que j'ai déterré, dans tous les lieux où j'y ai un droit en commun avec d'autres, deviennent ma propriété, sans que soit nécessaire la cession ou le consentement de qui que ce soit. Le travail, qui était le mien, d'arracher ces choses de l'état de possessions communes où elles étaient, y a fixé ma propriété. »

John Locke, *Traité du gouvernement civil,* 1690.

第18条
Article 18

すべての人は、思想、良心、宗教の自由に対する
権利をもっている。
この権利には、宗教や信念を変更する自由と、
ひとりで、またはほかの人と共同で、
公的にでも私的にでも、布教、行事、礼拝、儀式によって
宗教や信念を表明する自由が含まれる。

Everyone has the right to freedom of thought,
conscience and religion; this right includes freedom to
change his religion or belief, and freedom, either alone
or in community with others and in public or private,
to manifest his religion or belief in teaching, practice,
worship and observance.

Toute personne a droit à la liberté de pensée, de
conscience et de religion; ce droit implique la liberté
de changer de religion ou de conviction ainsi que la
liberté de manifester sa religion ou sa conviction seule
ou en commun, tant en public qu'en privé, par
l'enseignement, les pratiques, le culte et
l'accomplissement des rites.

イラスト | **アリーヌ・ビュロー** *Aline Bureau*

ご注文はこちらから

創元社公式ホームページ

Sogensha,Inc. since1892

「共和国は、良心の自由を保障する。また公の秩序のために、（略）礼拝の自由な実践を保護する。

　共和国は、どのような宗教も公認せず、賃金も支払わず、補助金も交付しない」

政教分離法、1905年12月9日、第1条・第2条

"The Republic ensures the freedom of conscience. It protects the freedom of worship […] for the sake of the public order. The Republic does neither approve, pay wages nor subsidize any religion."

Law on Separation of Church and State, Article 1 and 2, December 9th, 1905.

« La République assure la liberté de conscience. Elle garantit le libre exercice des cultes […] dans l'intérêt de l'ordre public. La République ne reconnaît, ne salarie ni ne subventionne aucun culte. »

Loi de séparation des Églises et de l'État, 9 décembre 1905, articles 1er et 2

「社会契約によって君主が国民にあたえる権利は、すでにのべたとおり、公の利益という限界を超えることはない。だから、国民は自分の意見が共同体にかかわるものでないかぎり、それを君主に告げる必要はない。ところで、市民ひとりひとりが自分の義務を愛するようになる宗教をもつことは、国家にとってきわめて重要である。しかしこの宗教の教義は、それを信じている人が他人に対して果たすことになっている道徳や義務とのかかわりにおいてしか、国家にも国民にも関係がない。そのうえ、誰もが自分の好きな意見をもつことができ、そこに関与するのは君主の役目ではない。なぜなら、君主はあの世の世界ではなんの権限ももっていないからだ。この世でよい市民でありさえすれば、あの世で国民がどんな運命をたどろうとも、君主にはかかわりのないことである」

ジャン＝ジャック・ルソー
『社会契約論、あるいは政治的権利の原理』　1762年

« Les croyances dogmatiques sont plus ou moins nombreuses, suivant les temps. Elles naissent de différentes manières et peuvent changer de forme et d'objet; mais on ne saurait faire qu'il n'y ait pas de croyances dogmatiques, c'est-à-dire d'opinions que les hommes reçoivent de confiance et sans les discuter. Si chacun entreprenait lui-même de former toutes ses opinions et de poursuivre isolément la vérité dans des chemins frayés par lui seul, il n'est pas probable qu'un grand nombre d'hommes dût jamais se réunir dans aucune croyance commune.
Or, il est facile de voir qu'il n'y a pas de société qui puisse prospérer sans croyances semblables, ou plutôt il n'y en a point qui subsistent ainsi; car, sans idées communes, il n'y a pas d'action commune, et, sans action commune, il existe encore des hommes, mais non un corps social. Pour qu'il y ait société, et, à plus forte raison, pour que cette société prospère, il faut donc que tous les esprits des citoyens soient toujours rassemblés et tenus ensemble par quelques idées principales; et cela ne saurait être, à moins que chacun d'eux ne vienne quelquefois puiser ses opinions à une même source et ne consente à recevoir un certain nombre de croyances toutes faites. »

Alexis de Tocqueville, *De la démocratie en Amérique*, 1835-1840.

第19条
Article 19

すべての人は、意見と表現の自由に対する
権利をもっている。
この権利には、妨害されることなく
自分の意見をもつ自由、
国境を越えるかどうかにかかわらず、
どのような手段によってでも、情報や思想を求め、
受けとり、伝える自由が含まれる。

Everyone has the right to freedom of opinion and
expression; this right includes freedom to hold
opinions without interference and to seek, receive and
impart information and ideas through any media and
regardless of frontiers.

Tout individu a droit à la liberté d'opinion et
d'expression, ce qui implique le droit de ne pas être
inquiété pour ses opinions et celui de chercher, de
recevoir et de répandre, sans considerations de
frontières, les informations et les idées par quelque
moyen d'expression que ce soit.

イラスト内訳：私には、自分の意見をいう権利がある！
Illustration translation : I have the right to express myself !

イラスト｜**マルク・リザノ＆キャロル・トレボー** *Marc Lizano et Carole Trébor*

「思想と意見を自由に伝えることは、人間のもっとも貴重な権利のひとつである。そのため、法律で定められている場合にこの自由の濫用に責任をもつかぎり、すべての市民は自由に話し、書き、印刷することができる」

1789年の人間と市民の権利の宣言、第11条

"To express beliefs and thoughts freely is one of the most precious rights of human beings. Therefore, all citizens are free to speak, write, and print as long as they are responsible for abuse of this freedom when it is defined by the law."

Declaration of the Rights of Man and of the Citizen Article 11, 1789.

« La libre communication des pensées et des opinions est un des droits les plus précieux de l'Homme: tout Citoyen peut donc parler, écrire, imprimer librement, sauf à répondre de l'abus de cette liberté dans les cas déterminés par la Loi. »

Déclaration des droits de l'homme et du citoyen de 1789, article 11.

「誰もが、自分が生まれながらにもっている当然の権利、つまり、どのようなことについても自由に考えて判断する権利を他人に譲り渡すことはできない。また、誰もがそのことを強制されない。そういうわけで、国家が人びとの心を非難することは、暴力的だとみなされるのである」

バールーフ・スピノザ
『神学・政治論』 1670年

"No man can transfer to another his natural right, that is to say, his ability to reason freely and to appreciate freely everything. Moreover, no one is forced to relinquish the right. Therefore, the act of the state criticising people's minds is regarded as a violation."

Baruch Spinoza, *Theological-Political Treatise*, 1670.

« Personne ne peut transférer à autrui son droit naturel, c'est-à-dire sa faculté de raisonner librement et de juger librement de toutes choses; et personne ne peut y être contraint. C'est pourquoi l'on considère qu'un État est violent quand il s'en prend aux âmes. »

Baruch Spinoza, *Traité théologicopolitique*, 1670.

「もう一度いっておきたい。議論によってではなく、暴力や圧力によって、自分の考えに反する考えと戦っているとき、人は文字どおり不寛容になる。寛容は、無関心とはまったく異なる。寛容は、他人に反論することを避けるために、自分の考えをのべないようにすることではない。思考の表現以外のいかなる手段も使わないようにする、道徳的な気配りなのである」

ジャン＝フランソワ・ルヴェル
『反検閲』 1966年

"Human beings become literally intolerant when they fight against opposite thoughts, not through debates but violence or pressure. Tolerance is completely different from indifference. Tolerance is not to refrain from expressing what we think in order to avoid contradicting others. It is a moral concern that prevents us from using all means other than the expression of thoughts."

Jean-Francois Revel, *Against Censorship*, 1966.

« Rappelons-le: dans l'acception du dictionnaire, on est intolérant quand on combat des idées contraires aux siennes par la force, et par des pressions, au lieu de se borner à des arguments. La tolérance n'est point l'indifférence, elle n'est point de s'abstenir d'exprimer sa pensée pour éviter de contredire autrui, elle est le scrupule moral qui se refuse à l'usage de toute autre arme que l'expression de la pensée. »

Jean-François Revel, *Contrecensures*, 1966.

「ひとりの人をのぞいてすべての人が同じ意見で、ひとりだけ意見が異なっても、その人を黙らせる権利は誰にもない。ひとりの権力者が全員を黙らせることができないのと、同じである。もし、意見というものがその持ち主以外の人にはまったく価値のない個人的な所有物でしかなく、意見を表明することを妨げられてもそれで傷つくのが本人だけなら、わずかな人か大勢かはわからないが、被害を受ける人の数はかぎられるだろう。しかし、意見の表明を禁じるのはこの上なく有害なのである。なぜなら、それは人類全体を被害者にするからだ。いまの時代の人びとだけではなく、のちの時代の人びとにも被害がおよぶ。意見を表明した人びとよりも、その意見を中傷した人びとのほうが、より大きな被害を受けることになる。それは、もしその意見が正しい場合、人びとはまちがいを改める機会を奪われてしまうからだ。その意見がまちがっている場合でも、同じくらい大きな利益を失うことになる。というのも、まちがいと突きあわせることで、真実はよりはっきりと認識され、より鮮明な印象として残るからである」

ジョン・スチュアート・ミル
『自由論』 1859年

"If all mankind minus one were of one opinion, and only one person were of the contrary opinion, mankind would be no more justified in silencing that one person, than he, if he had power, would be justified in silencing mankind. Were an opinion a personal possession of no value expect to the owner; if to be obstructed in the enjoyment of it were simply a private injury, it would make some difference whether the injury was inflicted only on a few persons or on many. But the peculiar evil of silencing the expression of an opinion is, that it is robbing the human race; posterity as well as the existing generation; those who dissent from the opinion, still more than those who hold it. If the opinion is right, they are deprived of the opportunity of exchanging error for truth: if wrong, they lose, what is almost as great a benefit, the clearer perception and livelier impression of truth, produced by its collision with error."

John Stuart Mill, *On Liberty*, 1859.

« Si tous les hommes moins un
partageaient la même opinion, ils n'en
auraient pas pour autant le droit d'imposer
silence à cette personne, pas plus que celle-
ci, d'imposer silence aux hommes si elle en
avait le pouvoir. Si une opinion n'était
qu'une possession personnelle, sans valeur
pour d'autres que son possesseur; si d'être
gêné dans la jouissance de cette possession
n'était qu'un dommage privé, il y aurait
une différence à ce que ce dommage fût
infligé à peu ou à beaucoup de personnes.
Mais ce qu'il y a de particulièrement
néfaste à imposer silence à l'expression
d'une opinion, c'est que cela revient à
voler l'humanité: tant la postérité que la
génération présente, les détracteurs de
cette opinion davantage encore que ses
détenteurs. Si l'opinion est juste, on les
prive de l'occasion d'échanger l'erreur
pour la vérité; si elle est fausse, ils perdent
un bénéfice presque aussi considérable :
une perception plus claire et une
impression plus vive de la vérité que
produit sa confrontation avec l'erreur. »

John Stuart Mill, *De la liberté*, 1859.

第20条
Article 20

1. すべての人は、
平和的な集会や結社の自由に対する
権利をもっている。
2. 誰もが、
結社に属することを強制されない。

1. Everyone has the right to freedom of
peaceful assembly and association.
2. No one may be compelled to belong to an
association.

1. Toute personne a droit à la liberté de
réunion et d'association pacifiques.
2. Nul ne peut être obligé de faire partie d'une
association.

イラスト内訳：左：ホッキョクグマ友の会
中：強制しようっていうわけじゃないんですよ……。
右：でも、「ぜひとも」あなたに入会していただきたいんです。

Illustration translation : Left: Polar Bear Friends'Association
Middle: We're not saying it's an obligation...
Right: But we would greatly appreciate your participation.

イラスト｜ **グレゴリー・ブロ** *Grégory Blot*

「『結社』『進歩』『自由』『平等』『友愛』は、大規模な社会的、人道主義的な統合において、たがいに関連する言葉である。これらの言葉は、諸国民と人類の幸福をつくりあげる上で、崇高な象徴となっている。自由は、平等がなければ実現しない。平等は、結社、あるいは、際限のないひとつの目的、終わることのない進歩に向かうすべての個人の力の集結がなければ実現しない。これが、19世紀哲学の根底にある考えである」

エステバン・エチェベリア
『五月協会の社会主義的見解』 1838年

"Association, Progress, Freedom, Equality, Fraternity; these are the correlative terms of great social and humanitarian synthesis. These terms are the divine symbols in the creation of the well-being of peoples and mankind. Freedom can not be achieved without equality. Equality can only be achieved through association, or through the collective effort of all individuals towards a single yet undefined goal and a never-ending progress. These are nineteenth century philosophy's fundamental concepts."

Esteban Echeverría, *Socialistic Consciousness of the May Association*, 1838.

« Association, progrès, liberté, égalité, fraternité, termes corrélatifs de la grande synthèse sociale et humanitaire; symbols divins de l'heureux devenir des peuples et de l'humanité. La liberté est irréalisable sans l'égalité, et l'égalité sans l'association ou le concours de toutes les forces individuelles orientées vers un objet unique, indéfini, le progrès continu : formule fondamentale de la philosophie du XIXᵉ siècle. »

Esteban Echeverría, *Doctrine socialiste de l'Association de mai*, 1838.

「これが、いわゆる政治的自由というものの実態だ。出版と集会の自由、住居の不可侵、そのほかすべての政治的自由は、民衆が特権階級に対して行使しない場合にかぎって尊重される。特権をなくすために使われるようになると、これらの自由は即座に追放される」

ピョートル・クロポトキン
『ある反逆者の言葉』、1880～82年に「ル・レヴォルテ」紙で発表された記事の選集 1895年

"This is the reality of so-called political freedom. Freedom of publication and assembly, inviolability of residences, and all other political freedoms are respected only if the people do not exercise them against the privileged class. Once these freedoms are used to eradicate privileges, they are immediately expelled. "

Peter Kropotkin, *Words of a Rebel*, 1895, Selected Articles published in the journal *Le Révolté* in 1880-1882.

« Voilà à quoi se réduisent ces soi-disant libertés politiques. Liberté de la presse et de réunion, inviolabilité du domicile et de tout le reste, ne sont respectées que si le peuple n'en fait pas usage contre les classes privilégiées. Mais, le jour où il commence à s'en servir pour saper les privilèges-ces soi-disant libertés sont jetées par-dessus bord. »

Pierre Kropotkine, *Paroles d'un révolté*, 1895, recueil d'articles parus dans le journal *Le Révolté* en 1880-1882.

「構成員ひとりひとりの身体と財産を、共同の力を合わせて守り保護する結社を見つけること。またこの結社を通して、ひとりひとりが全員と結びつきながら、自分自身にしか従わず、以前と同じように自由な状態でいられること。これが根本的な問題で、社会契約はこの問題を解決することができる」

ジャン=ジャック・ルソー
『社会契約論、あるいは政治的権利の原理』 1762年

"Finding an association that defends and protects each person's body and property by all of the cooperative strength, through which every individual, united with all, however obeying only to oneself, can remain free as before. This is the primary problem and social contract can solve it."

Jean-Jacques Rousseau, *The Social Contract or The Principle of Political Right*, 1762.

« Trouver une association qui défende et protège de toute la force commune la personne et les biens de chaque associé, et par laquelle chacun, s'unissant à tous, n'obéisse pourtant qu'à lui-même, et reste aussi libre qu'auparavant. Tel est le problème fondamental dont le contrat social donne la solution. »

Jean-Jacques Rousseau, *Du contrat social ou Principes du droit politique*, 1762.

「アソシアシオン（結社）とは、ふたり以上の人が共同で、継続的に自分たちの知識や活動を利益の分配以外の目的に使う集まりのことをいう。（略）個人のアソシアシオンは、あらかじめ許可を得たり、届け出をすることなく、自由につくることができる。（略）」

アソシアシオン契約に関する1901年7月1日の法律、第1条・第2条

"Association is an assembly of two or more people who continuously use together their knowledge and activities for no other purpose than benefit-sharing.[...] Associations can be freely formed without permission or notification […]. "

Law of July 01. 1901, relative to the Contract of Association, Article 1 and 2.

« L'association est la convention par laquelle deux ou plusieurs personnes mettent en commun, d'une façon permanente, leurs connaissances ou leur activité dans un but autre que de partager des bénéfices. […] Les associations de personnes pourront se former librement sans autorisation ni declaration préalable […]. »

Loi du 1er juillet 1901 relative au contrat d'association, articles 1 et 2.

第21条
Article 21

1. すべての人は、直接、または自由に選ばれた代表者を通じて、
自国の政治に参加する権利をもっている。
2. すべての人は、平等の条件で、自国の公職につく権利をもっている。
3. 国民の意思は、公権力の権威の基礎とならなければならない。
この意思は、定期的に実施される正しい選挙によって
表明される必要がある。
この選挙は、平等の普通選挙によるもので、秘密投票、
またはそれと同等の自由が保障される投票手続きによって
行なわれなければならない。

1. Everyone has the right to take part in the government of his country,
directly or through freely chosen representatives.
2. Everyone has the right of equal access to public service in his country.
3. The will of the people shall be the basis of the authority of government;
this will shall be expressed in periodic and genuine elections which shall
be by universal and equal suffrage and shall be held by secret vote or by
equivalent free voting procedures.

1. Toute personne a le droit de prendre part à la direction des affaires
publiques de son pays, soit directement, soit par l'intermédiaire de
représentants librement choisis.
2. Toute personne a droit à accéder, dans des conditions d'égalité, aux
fonctions publiques de son pays.
3. La volonté du people est le fondement de l'autorité des pouvoirs
publics ; cette volonté doit s'exprimer par des élections honnêtes qui
doivent avoir lieu périodiquement, au suffrage universel égal et au vote
secret ou suivant une procédure équivalente Assurant la liberté du vote.

イラスト | **ジュリアン・ロシール** *Julien Rossire*

「選挙権が特権的な道具であると同時に市民の主権の象徴であることを考えると、平等に選挙権を認める普通選挙が実施されるにいたる歴史は、近代市民権の意味をあきらかにしている。事実、選挙とは市民にとって、自分たちの代表者を選び、彼らの活動を承認することで政治生活の準備を整える手段である。選挙は、暴力によってではなく、共通の規則をつくり、討論し、妥協することで、社会的なグループのあいだの対立や衝突を解決することに貢献している」

ドミニク・シュナペール（クリスチャン・バシュリエとの共著）
『市民権とはなにか』 2000年

"As the right to vote is both the priviledged instrument and the symbol of citizens' sovereignty, the history of the progressive civilization of the right to vote is revealing of the meaning of citizenship. Furthermore, an election is a method in which citizens choose their representatives and set the stage for political activities by approving their actions. An election may also contribute to resolving conflicts between social groups, not by resorting to violence but instead by establishing common rules, discussions, and compromise."

Dominique Schnapper, in collaboration with Christian Bachelier, *What is Citizenship?*, 2000.

« Dans la mesure où le droit de vote est tout à la fois l'instrument privilégié et le symbole de la souveraineté des citoyens, l'histoire de l'universalisation progressive du droit de suffrage est révélatrice du sens de la citoyenneté moderne. L'élection est en effet le moyen pour les citoyens de choisir leurs représentants et d'organiser la vie politique en sanctionnant leur action. Elle contribue à résoudre les rivalités et les conflits entre les groupes sociaux par l'organisation de règles communes, de débats et de compromis, plutôt que par la violence. »

Dominique Schnapper, avec la collaboration de Christian Bachelier, *Qu'est-ce que la citoyenneté?*, 2000.

「政治的自由と市民としての自由は、すべての財産のなかでもっとも神聖で、あらゆる努力のもっともふさわしい目的で、文化全体の中心であり、今後もそうでありつづけるだろう。しかし、このきらびやかな建物は、品格のあるしっかりとした土台の上にしか建てられない。だから、憲法を市民にあたえることができるようになる前に、憲法を制定するために市民をつくることからはじめる必要がある」

フリードリヒ・フォン・シラー
『三十年戦争史』 1790年

"Political and civic liberty is and will always be the most sacred treasure, the worthiest goal of all efforts, and the center of each culture. However, this splendid edifice can only be built upon a solid and noble foundation.It is therefore necessary to first create citizens for a Constitution, before we can give a Constitution to the citizens."

Friedrich von Schiller, *Thirty Years' War,* 1790.

« La liberté politique et civique reste et sera toujours le plus sacré de tous les biens, le but le plus digne de tous les efforts, et le centre de toute culture – mais ce splendide édifice, on ne pourra jamais l'élever que sur le ferme fondement d'un caractère ennobli. Il faut donc commencer par créer des citoyens pour une Constitution, avant de pouvoir donner une Constitution aux citoyens. »

Friedrich von Schiller, *Guerre de Trente Ans*, 1790.

「すべての公権力は、どれも区別なく一般意志のあらわれです。そのすべてが国民から、つまり国家から生じています。この国民と国家というふたつの言葉は、同義語でなければならないはずです。そのため、公の代表者は、どのような地位にある人でも、自分自身がもつ力を行使しているわけではありません。それは国民全員の力で、その力をただたんにゆだねられているだけなのです。この力を譲渡することはできません。なぜなら、意思は譲渡できず、国民を譲渡することもできないからです。考える権利、望む権利、自分のために行動する権利は、譲渡することができないからです。われわれは、自分たちが信頼している人びとに力の行使を任せることができるだけで、この委任は、本質的に自由な性質をもっています。ですから、公的な役割がいつかひとりの人間のものになると考えるのは大きなまちがいなのです。公権力の行使を『権利』とみなすのは大きなまちがいです。それは『義務』なのです。国家の役人は、より多くの義務があるという点でのみ、ほかの市民にまさっています。誤解しないでほしいのですが、この真実を口にしているからといって、役人をおとしめようとしているわけでは全くありません。要職にある人びとに対してわれわれがいだいている敬意を生みだし、それを裏づけているのは、はたすべき大きな義務という考え、つまり、ほかの人びとにとっておおいに役だつものという発想なのです。権利のことしか頭にない人びと、つまり、自分の利益のことしか考えていない人びとを見たとき、自由な精神の持ち主は、絶対にこのような気持ちをいだくことはないでしょう」

アベ・シエイエス
『憲法前文。人および市民の権利の承認および理論的解説』、憲法委員会で読みあげられたもの
1789年7月20日・21日

"All the public powers issue from, without exception, the general will. They come from the people, or in other words, the Nation. These two--the people and the nation--must be one and the same. No matter what their status is, the power that public representatives exercise is not their own personal power. Their power is simply entrusted to them by all the people. This power cannot be taken away, because the will cannot be taken away, and the people cannot be taken away. The right to think, hope, and act in one's self-interest are all inalienable rights. We can only give power to those we trust, and the essential character of this assignment of power is freedom. To think that any single public function could eventually become individual property is a big mistake. To consider the exercise of public power as one's right is a big mistake. It is a duty. The only aspect in which government officials are distinguished from the people is that they have more duties. We pronounce this truth, but it doesn't mean that we would intend to depreciate the government officials' authority. The idea of important duties that government officials must do, and consequently of important utility for others, generates and justifies the respect we have for influential people. These sentiments would not rise in our mind when we see those who are remarkable solely by their rights, in other words, who awaken within our mind only the idea of their own particular self-interest."

Abbé Sieyès, *Preliminary to the Constitution: Recognition and Rational Explanation of the Rights of Man and Citizen*, read at the Committee of the Constitution, July 20th and 21st, 1789.

« Tous les pouvoirs publics, sans distinction, sont une emanation de la volonté générale; tous viennent du peuple, c'est-à-dire, de la Nation. Ces deux termes doivent être synonymes. Le mandataire public, quel que soit son poste, n'exerce donc pas un pouvoir qui lui appartienne en propre, c'est le pouvoir de tous; il lui a été seulement confié; il ne pouvait pas être aliéné, car la volonté est inaliénable, les peuples sont inaliénables; le droit de penser, de vouloir et d'agir pour soi est inaliénable; on peut seulement en commettre l'exercice à ceux qui ont notre confiance, et cette confiance a pour caractère essentiel d'être libre. C'est donc une grande erreur de croire qu'une fonction publique puisse jamais devenir la propriété d'un homme; c'est une grande erreur de prendre l'exercice d'un pouvoir public pour un droit, c'est un devoir. Les officiers de la Nation n'ont au-dessus des autres citoyens que des devoirs de plus; et qu'on ne s'y trompe pas, nous sommes loin, en prononçant cette vérité, de vouloir déprécier le caractère d'homme public. C'est l'idée d'un grand devoir à remplir, et par conséquent d'une grande utilité pour les autres, qui fait naître et justifie les égards et le respect que nous portons aux hommes en place. Aucun de ces sentiments ne s'élèverait dans des âmes libres, à l'aspect de ceux qui ne se distingueraient que par des droits, c'est-à-dire, qui ne réveilleraient en nous que l'idée de leur intérêt particulier. »

Abbé Sieyès, *Préliminaire de la Constitution. Reconnaissance et exposition raisonnée des droits de l'homme et du citoyen*, lu au Comité de Constitution, 20 et 21 juillet 1789.

第22条
Article 22

すべての人は、社会の一員として、

社会保障を受ける権利をもっている。

各国の組織と資源に応じた国家の努力と国際協力によって、

誰でも自分の尊厳と人格の自由な発展に欠かすことのできない、

経済的、社会的、文化的権利を満たす資格がある。

Everyone, as a member of society, has the right to social security and is entitled to realization, through national effort and international co-operation and in accordance with the organization and resources of each State, of the economic, social and cultural rights indispensable for his dignity and the free development of his personality.

Toute personne, en tant que membre de la société, a droit à la sécurité sociale; elle est fondée à obtenir la satisfaction des droits économiques, sociaux et culturels indispensables à sa dignité et au libre développement de sa personnalité, grâce à l'effort national et à la coopération internationale, compte tenu de l'organisation et des ressources de chaque pays.

イラスト | ヤスミーヌ・ガトー *Yasmine Gateau*

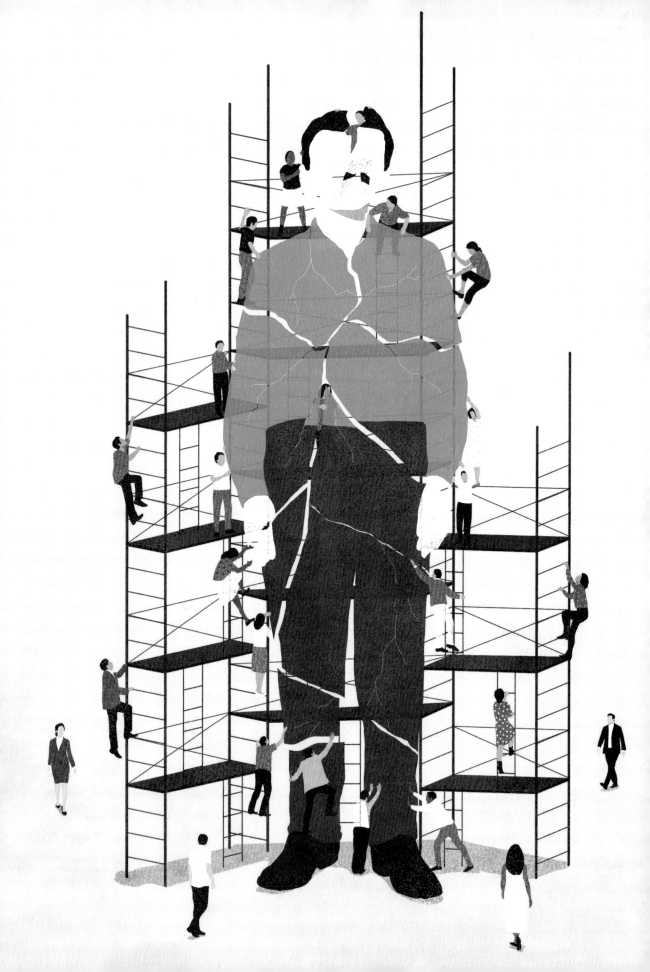

「社会保障は、どのような状況でも、本人と家族の生計を適切な状態に保つために必要な手段を得ることができるよう、すべての人にあたえられる保障である。社会正義の基本的な配慮にその正当性を見いだしながら、社会保障は、不安定な将来に対する気がかりから労働者を解放する。労働者がつねに置かれている不安定な状態は、彼らに劣等感をあたえているが、実際、自分自身と自分の将来が確実なものとして約束されている資産家と、たえず貧困の脅威にさらされている労働者のあいだには、社会階層間のはっきりとした区別が横たわっている」

農業以外の職業に従事する人びとに適用される社会保険制度を定めた1945年10月19日の法令45-2454

"Social security gives everyone a guarantee that one can acquire the means to maintain an adequate standard of living for one's self and one's family under any circumstances. While we seek the legitimacy of social justice through its basic consideration, social security relieves laborers from concerns of an unstable future. The constantly unstable situation in which laborers are in makes them feel inferior. This unstable situation is the actual base of the distinction of classes. In fact, there is a clear division of social class between the wealthy who are promised a stable future for themselves and laborers who face a constant threat of living in poverty."

Ordinance No. 45-2454 of October 19th, 1945 Establishing the Social Insurance Regime Applicable to Insured Persons in Non-Agricultural Professions.

« La sécurité sociale est la garantie donnée à chacun qu'en toutes circonstances il disposera des moyens nécessaires pour assurer sa subsistance et celle de sa famille dans des conditions décentes. Trouvant sa justification dans un souci élémentaire de justice sociale, elle répond à la preoccupation de débarrasser les travailleurs de l'incertitude du lendemain, de cette incertitude constante qui crée chez eux un sentiment d'infériorité et qui est la base réelle et profonde de la distinction des classes entre les possédants sûrs d'eux-mêmes et de leur avenir et les travailleurs sur qui pèse, à tout moment, la menace de la misère. »

Ordonnance no 45-2454 du 19 octobre 1945 fixant le régime des assurances sociales applicable aux assurés des professions non agricoles.

「誰もが、ひとつだけ遠く離れた自己完結的な島ではない。すべての人は大陸の一部、全体の一部である。ひとかたまりの土が海に流されれば、ヨーロッパはそのぶんだけ小さくなる。それは、ひとつの岬、あるいは、あなたの友人やあなた自身の荘園が波にさらわれたのと同じなのだ。誰かが死ねば、そのぶんだけ私は小さくなる。なぜなら、私は人類の一部だから。そういうわけで、誰のために鐘が鳴っているのか、と使いを送って聞く必要はない。鐘は、あなたのために鳴っているのである」

ジョン・ダン
『不意に発生する事態に関する瞑想』 1624年

"No man is an island, entire of itself; every man is a piece of the continent, a part of the main. If a clod be washed away by the sea, Europe is the less, as well as if a promontory were, as well as if a manor of thy friend's or of thine own were: any man's death diminishes me, because I am involved in mankind, and therefore never send to know for whom the bell tolls; it tolls for thee."

John Donne, *Devotions upon Emergent Occasions, and several steps in my Sickness*, 1624.

« Aucun homme n'est une île, un tout, complet en soi; tout homme est un fragment du continent, une partie de l'ensemble; si la mer emporte une motte de terre, l'Europe en est amoindrie, comme si les flots avaient emporté un promontoire, le manoir de tes amis ou le tien; la mort de tout homme me diminue, parce que j'appartiens au genre humain; aussi n'envoie jamais demander pour qui sonne le glas: C'est pour toi qu'il sonne. »

John Donne, *Devotions upon Emergent Occasions, and several steps in my Sickness*, 1624.

「だから、われわれの社会でもっとも数が多く、もっとも活動的な階級をたえずおびやかしている不平等、従属、そして貧困までの必然的な原因が存在するのである。

このような不平等、従属、貧困の原因は、次のようにすればその大部分を一掃できるということを指摘したい。つまり、偶然には偶然で対処すること、老齢に達した人にその貯蓄から生まれた援助、同じ犠牲を払ったのにその利益を得る必要が生じる前にこの世を去った人びとの貯蓄の利子も加えた援助を約束すること、女性や子どもに対しても同じような制度をつくり、夫や父親を亡くしたときに、早すぎる死を悲しんでいる家族のためにも、もう少し長いあいだ家長がいた家族のためにも、同じ代価で平等に金銭が得られるようにしておくこと、そして、自分で働いて新しい家庭をつくる年齢になった子どものために、彼らの職業を拡張させるために必要な資本の利益をとっておき、この年齢に達する前に早世した子どもたちのぶんをここに加えることである。これらは、寿命の確率や金銭の投資の計算を応用して考えられた手段で、すでに用いられて成功を収めている。しかしまだ適用範囲が狭く、種類も少ないため、わずかな人間を救うだけではなく、多くの家庭の周期的な破産が原因で堕落と貧困がたえずくりかえされている社会全体を救うにはいたっていないことから、本当の意味では役に立っていない」

ニコラ・ド・コンドルセ
『人間精神の進歩に関する歴史的展望の素描』
1793〜94年

"There exists an inevitable cause for the inequality, subordination, and poverty that threatens the most populated, active social class. I want to point out that if we do as follows, a large portion of this cause for inequality, subordination, and poverty can be resolved. We must be flexible in dealing with unpredictable outcomes. We must promise aid which comes from their savings, for those who have reached an old age. This aid should also include the interest from the savings of those who have made the same sacrifices, but have passed away before they needed to reap the benefits. We must implement measures that are equal towards women and children in that we must ensure that the same aid will be provided for all families that have lost a husband or father, whether they are mourning a premature death, or their head of the family was around for longer. We must provide for the children who have grown old enough to work and raise a new family. The capital set aside in order to give job opportunities to these new adults should include the capital that was set aside for children who have passed away before the working age. These methods utilize the calculation of life expectancy and monetary investment, and have already been successfully implemented. However, as the range of application is still quite narrow and there are not many variations, it has yet to reach the point of helping not only a select few, but also helping the overall society struggling from recurring economic depressions and poverty as a result of families struggling from a pattern of bankruptcy. In this way, this method does not really serve its intended purpose."

Nicolas de Condorcet, *Sketch for a Historical Picture of the Progress of the Human Mind*, 1793-1794.

« Il existe donc une cause nécessaire d'inégalité, de dépendance et même de misère, qui menace sans cesse la classe la plus nombreuse et la plus active de nos sociétés.

Nous montrerons qu'on peut la détruire en grande partie, en opposant le hasard à lui-même, en assurant à celui qui atteint la vieillesse, un secours produit par ses épargnes, mais augmenté de celles des individus qui, en faisant le même sacrifice, meurent avant le moment d'avoir besoin d'en recueillir le fruit; en procurant, par l'effet d'une compensation semblable aux femmes, aux enfants, pour le moment où ils perdent leur époux ou leur père, une ressource égale et acquise au même prix, soit pour les familles qu'afflige une mort prématurée, soit pour celles qui conservent leur chef plus longtemps; enfin, en préparant aux enfants qui atteignent l'âge de travailler pour eux-mêmes, de fonder une famille nouvelle, l'avantage d'un capital necessaire au développement de leur industrie, et s'accroissant aux dépens de ceux qu'une mort trop prompte empêche d'arriver à ce terme. C'est à l'application du calcul aux probabilités de la vie et aux placements d'argent, que l'on doit l'idée de ces moyens, déjà employés avec succès, sans jamais l'avoir été cependant avec cette étendue, avec cette variété de formes qui les rendraient vraiment utiles, non pas seulement à quelques individus, mais à la masse entière de la société qu'ils délivreraient de cette ruine périodique d'un grand nombre de familles, source toujours renaissante de corruption et de misère. »

Nicolas de Condorcet, *Esquisse d'un tableau historique des progrès de l'esprit humain*, 1793-1794.

第23条
Article 23

1.すべての人は、仕事をし、職業を自由に選び、公平でじゅうぶんな労働条件を得て、
失業に対する保護を受ける権利をもっている。
2.すべての人は、どのような差別も受けることなく、同等の仕事に対して、
同等の賃金を得る権利をもっている。
3.働く人は誰でも、自分と家族に対して人間の尊厳を保つためにふさわしい生活を
保障する公平でじゅうぶんな報酬を受けとり、必要な場合には、
ほかの社会的保護手段による補充を受ける権利をもっている。
4.すべての人は、自分の利益を守るために、ほかの人と一緒に労働組合をつくったり、
労働組合に加入する権利をもっている。

1. Everyone has the right to work, to free choice of employment, to just and
favourable conditions of work and to protection against unemployment.
2. Everyone, without any discrimination, has the right to equal pay for equal work.
3. Everyone who works has the right to just and favourable remuneration
ensuring for himself and his family an existence worthy of human dignity, and
supplemented, if necessary, by other means of social protection.
4. Everyone has the right to form and to join trade unions for the protection
of his interests.

1. Toute personne a droit au travail, au libre choix de son travail, à des conditions
équitables et satisfaisantes de travail et à la protection contre le chômage.
2. Tous ont droit, sans aucune discrimination, à un salaire égal pour un travail égal.
3. Quiconque travaille a droit à une rémunération equitable et satisfaisante lui
assurant ainsi qu'à sa famille une existence conforme à la dignité humaine et
complétée, s'il y a lieu, par tous autres moyens de protection sociale.
4. Toute personne a le droit de fonder avec d'autres des syndicats et de s'affilier à
des syndicats pour la défense de ses intérêts.

イラスト | ニコラ・バニステール *Nicolas Bannister*

「神は人間に欲求をあたえ、仕事による収入が人間に不可欠であるようにすることで、働く権利をすべての人間の財産とした。この財産は、すべての財産のなかでもっとも重要で、もっとも神聖で、もっとも奪うことができないものである」

アンヌ＝ロベール＝ジャック・テュルゴー
『同業組合廃止に関する勅令』 1776年2月

"God gave humans needs, and by making job incomes essential for them, He made it so that the right to work itself is an asset for humans. This asset is the highest priority, the most sacred and the most inalienable of all."

Anne Robert Jacques Turgot, *The Edict of the Jurandes issued by the King*, February 1776.

« Dieu, en donnant à l'homme des besoins, en lui rendant nécessaire la resource du travail, a fait du droit de travailler la propriété de tout homme, et cette propriété est la première, la plus sacrée et la plus imprescriptible de toutes. »

Anne Robert Jacques Turgot, *Édit du roi portant suppression des Jurandes*, février 1776.

「クモは、織工の作業に似た作業をする。ミツバチは、その見事な蜂の巣の構造で、多くの建築家たちを驚かせる。しかし、一番劣っている建築家と一番熟練したミツバチには、最初から異なる点がある。建築家は実際に建物を建てる前に、頭のなかでそれを建設しているのだ。作業が成功したあとに得られる結果は、すでに作業者の想像のなかで、理想的な状態で存在している。彼は、ただたんに素材の形に変化を加えるだけではない。同時に、自分が意識している自分自身の目的を実現する。その目的が行動様式を法則のように決定し、意志はそれに従わせられる。この従属は、一時的なものではない。作業が行なわれているあいだずっと、動かされている体の器官が努力を求められることに加えて、意志を一貫して保つことからしか生まれない注意力の持続が要求される」

カール・マルクス
『資本論』 1867年

"A spider's work resembles that of a weaver's. Bees, with their honeycomb structure, astound many architects. However, the difference between the worst architects and the most experienced bees is that before architects start a new project, the structure already exists in their imagination. The ideal end result exists in the workers' imagination before construction is completed. They are not only changing the shapes of the materials, but they are also realizing the goal that they have in mind. This goal determines their way of action like a law, and they should subordinate their will to the goal. This subordination is not a temporary thing. In addition to the efforts of organs active in your body, while construction is taking place, the continuous attention which can only come from an unwavering will is demanded."

Karl Marx, *Capital: A Critique of Political Economy*, 1867.

« Une araignée fait des opérations qui ressemblent à celles du tisserand, et l'abeille confond par la structure de ses cellules de cire l'habileté de plus d'un architecte. Mais ce qui distingue dès l'abord le plus mauvais architecte de l'abeille la plus experte, c'est qu'il a construit la cellule dans sa tête avant de la construire dans la ruche. Le résultat auquel le travail aboutit préexiste idéalement dans l'imagination du travailleur. Ce n'est pas qu'il opère seulement un changement de forme dans les matières naturelles; il y réalise du même coup son propre but dont il a conscience, qui détermine comme loi son mode d'action, et auquel il doit subordonner sa volonté. Et cette subordination n'est pas momentanée. L'oeuvre exige pendant toute sa durée, outre l'effort des organes qui agissent, une attention soutenue, laquelle ne peut elle-même résulter que d'une tension constante de la volonté. »

Karl Marx, *Le Capital*, 1867.

「人生を導く技術はいろいろあるが、そのなかでも、労働について強調すること以上に、個人を現実に強く結びつけるものはない。労働は、少なくとも現実の一片、人間の共同体のなかに個人を確実に位置づける。労働によって、ナルシシズム的なもの、攻撃的なもの、そして官能的なものまで、さまざまなリビドー〔あらゆる人間活動の原動力となるエネルギー〕的要素の多くの部分を、職業活動やそれと結びついた人間関係に移しかえることができる。これが労働の大きな価値で、社会において各人が自分の存在を主張し、証明するために必要不可欠であるという事実と肩を並べている。職業活動は、それが自由に選ばれたとき、つまり、実際の好み、もともとある欲動、性格的に強められた欲動が昇華されて利用できる状態になったとき、とくに大きな満足をもたらす。しかし、労働は人びとから、幸福にいたる道としてあまり高く評価されていない。人びとは、自分を満たす可能性があるもののひとつとして、労働に飛びつこうとはしないのである。大部分の人が、ただ必要にせまられて労働している。彼らは当然のことながら労働を嫌っているため、そこからきわめて厄介な社会問題が生じることになる」

ジークムント・フロイト
『文化への不満』 1930年

"There is no better method to attach the individual to reality than to emphasize the importance of work, as work is the very essence which gives individuals a place in a portion of reality, that is, the human community. Labor has the power to transfer a large amount of libido (the energy that drives human activities) which can have a narcissistic, agressive, or even erotic nature into professional work and other related human relations--which is a value by no means secondary to the fact that labor is an indispensable part of life which allows people to assert their existence in society. Professional activities can bring great satisfaction when chosen freely, or in other words, by means of sublimation, they are able to utilize their pre-existing inclinations and instinctive impulses which are constitutionally reinforced. However, people do not appreciate or value labor as a means of obtaining happiness, and do not strive after it in the same way that they seek other means which brings them satisfaction. Most people are pressured to work simply because it is a necessity and this natural aversion to work results in the most difficult of social problems."

Sigmund Freud, *Civilization and Its Discontents*, 1930.

« Aucune autre technique pour conduire sa vie ne lie aussi solidement l'individu à la réalité que l'accent mis sur le travail, qui l'insère sûrement tout au moins dans un morceau de la réalité, la communauté humaine. La possibilité de déplacer une forte proportion de composantes libidinales, composantes narcissiques, agressives et même érotiques, sur le travail professionnel et sur les relations humaines qui s'y rattachent, confère à celui-ci une valeur qui ne le cède en rien à son indispensabilité pour chacun aux fins d'affirmer et justifier son existence dans la société. L'activité professionnelle procure une satisfaction particulière quand elle est librement choisie, donc qu'elle permet de rendre utilisables par sublimation des penchants existants, des motions pulsionnelles poursuivies ou constitutionnellement renforcées. Et cependant le travail, en tant que voie vers le bonheur, est peu apprécié par les hommes. On ne s'y presse pas comme vers d'autres possibilités de satisfaction. La grande majorité des hommes ne travaille que poussée par la nécessité, et de cette naturelle aversion pour le travail qu'ont les hommes découlent les problèmes sociaux les plus ardus. »

Sigmund Freud, *Le Malaise dans la culture*, 1930.

第24条
Article 24

すべての人は、
労働時間の適度な制限と
定期的な有給休暇を含む、
休息と余暇をとる権利をもっている。

Everyone has the right to rest and
leisure, including reasonable limitation
of working hours and periodic holidays
with pay.

Toute personne a droit au repos et aux
loisirs et notamment à une limitation
raisonnable de la durée du travail et à des
congés payés périodiques.

イラスト | ジェラルド・ゲルレ *Gérald Guerlais*

PROFIT

Gérald Guerlais

「貧しい人びとが余暇をもつことができるという考えは、豊かな人びとの感情をつねに害してきた。19世紀のイギリスにおける一般的な労働時間は、男性は15時間、子どもは12時間だったが、子どもも15時間働くことがあった。なかには、あまりにも長時間だと指摘するお節介な人びともいた。しかし、仕事をしていれば大人は酒におぼれず、子どもは悪さをする暇がないからという理由で、そのような意見は厄介なものとして排除されたのである」

バートランド・ラッセル
「怠惰への讃歌」、「レビュー・オブ・レビューズ」紙
1932年

"The idea that the poor should have leisure has always been shocking to the rich. In England, in the early nineteenth century, fifteen hours was the ordinary day's work for a man; children sometimes did as much, and very commonly did twelve hours a day. When meddlesome busy-bodies suggested that perhaps these hours were rather long, they were told that work kept adults from drink and children from mischief."

Bertrant Russell, "In Praise of Idleness", *Review of Reviews*, 1932.

« L'idée que les pauvres puissent avoir des loisirs a toujours choqué les riches. En Angleterre, au xixe siècle, la journée de travail normale était de quinze heures pour les hommes, de douze heures pour les enfants, bien que ces derniers aient parfois travaillé quinze heures eux aussi. Quand des fâcheux, des empêcheurs de tourner en rond suggéraient que c'était peut-être trop, on leur répondait que le travail évitait aux adultes de sombrer dans l'ivrognerie et aux enfants de faire des bêtises. »

Bertrand Russell, « Éloge de l'oisiveté », *Review of Reviews*, 1932.

「最低限の余暇がないと、創造的な仕事ができない。その結果、文化も文明も存在しなくなる」

ロイ・ルイス
『なぜ、私は父親を食べたのか』 1960年

"Without a meed of leisure and quiet, there can be no creative work, no culture, no civilization!"

Roy Lewis, *The Evolution Man: Or, How I Ate My Father*, 1960.

« Sans un minimum de loisir, pas de travail créateur, par conséquent pas de culture ni de civilisation. »

Roy Lewis, *Pourquoi j'ai mangé mon père*, 1960.

「資本主義文明が支配する国家では、労働者階級が奇妙な狂気にとりつかれている。この狂気は個人的、社会的貧困をもたらし、その結果、ここ2世紀のあいだずっと、人間性をゆがめ、傷つけているのである。この狂気は、仕事に対する愛、仕事に対する命を懸けた情熱で、その程度はあまりにも行きすぎていて、自分自身と自分の子孫の生命力を枯渇させている」

ポール・ラファルグ
『怠ける権利』 1880年

"In a state dominated by capitalist civilization, the working class is possessed by a strange madness. This madness has caused individual and social miseries which have tortured sad humanity for the past two centuries. This madness is the love of work and one's moribund passion for work, pushed to the point of exhaustion of the vital force of the individual and their offspring."

Paul Lafargue, *The Right to Be Lazy*, 1880.

« Une étrange folie possède les classes ouvrières des nations où règne la civilisation capitaliste. Cette folie entraîne à sa suite des misères individuelles et sociales qui, depuis deux siècles, torturent la triste humanité. Cette folie est l'amour du travail, la passion moribonde du travail, poussée jusqu'à l'épuisement des forces vitales de l'individu et de sa progéniture. »

Paul Lafargue, *Le Droit à la paresse*, 1880.

「休息、くつろぎ、気晴らし、娯楽は、おそらく『欲求』ではあるが、それら自体が時間の消費という余暇固有の制約を受けているわけではない。自由時間とは、そのあいだに行なう遊びのためのすべての活動といえるかもしれないが、なによりもまずそれは、時間を無駄にする自由、偶然あいた時間を『つぶす』自由、ただたんに時間を浪費する自由のことなのである（したがって、余暇は労働する力をとりもどすために必要な時間にすぎないから失われた時間である、というだけではじゅうぶんではない。余暇の『喪失』は、もっと深い意味をもっている。それは、余暇が労働時間に直接従属していることが原因ではなく、『時間を失うことそのものが不可能である』ことと関係がある）。余暇が必死になってとりもどそうとしている時間の本当の利用価値は、浪費されることである。休暇とは、文字どおり無駄にすることのできる時間、この時間の損失を計算せず、（無駄にすると同時に）なんらかの方法で『稼がれた』ものではない時間を追求することなのだ。生産と生産力からなるシステムのなかで、われわれは時間を稼ぐことしかできなくなっている。この宿命は、労働にも余暇にものしかかっている重荷である。自分の時間を思いきり無駄にする場合でも、それを『うまく活用する』ことしかできない。休暇という自由時間は、あくまでも休暇をとる人の私有財産で、１年間苦労して働いて得たもの、ひとつの財産で、ほかのもちものと同じようにその人が所有できるものなのである。だから、（贈り物のように）あたえたり、捧げたり、完全に処分して本当の自由というべき時間の欠如を得るために、財産となったこの自由時間を手放すことなどできないだろう」

ジャン・ボードリヤール
『消費社会の神話と構造』　1970年

"Rest, relaxation, distraction, and entertainment are all 'needs' but they are not constrained only to the time consumption meant for leisure specifically. Free time perhaps refers to all recreational activities, but first and foremost, free time refers to the freedom to pass time, kill time, or simply waste time. (Therefore, the idea that rest is 'lost time' needed only to regain the energy to work again is undermining the necessity of rest. The 'loss' of rest is more profound. This is not due to the fact that leisure time is dependent on working time, but because it has to do with the fact that 'losing time' itself is impossible.) The real value in using the time that leisure desperately tries to regain is realized by wasting that time. A vacation literally refers to time that can be wasted. In other words, losses should not be measured by a process of calculation. Thus, a vacation's purpose is to pursue and waste time that cannot be earned. In a system created by production and productivity, we can only receive time. This fate is a burden on both labor and leisure. We are unable to waste the time to our heart's content, and we can only 'use it well'. The free time referred to as a vacation is the private property of the person taking that vacation. It is a piece of property that the person has worked hard for a year to earn, and the person has the right to own it just like all other properties. Therefore, this free time cannot be let go off by giving it away, or by sacrificing it, as one may do with a gift, in order to gain the lack of time which should be referred to as true freedom."

Jean Baudrillard, *The Consumer Society*, 1970.

« Le repos, la détente, l'évasion, la distraction sont peut-être des "besoins" mais ils ne définissent pas en eux-mêmes l'exigence propre du loisir, qui est la consommation du temps. Le temps libre, c'est peut-être toute l'activité ludique dont on le remplit, mais c'est d'abord la liberté de perdre son temps, de le "tuer" éventuellement, de le dépenser en pure perte. (C'est pourquoi dire que le loisir est aliéné parce qu'il n'est que le temps nécessaire à la reconstitution de la force de travail est insuffisant. L'"aliénation" du loisir est plus profonde: elle ne tient pas à sa subordination directe au temps de travail, elle est liée à L'IMPOSSIBILITÉ MÊME DE PERDRE SON TEMPS.) La véritable valeur d'usage du temps, celle qu'essaie désespérément de restituer le loisir, c'est d'être perdu. Les vacances sont cette quête d'un temps qu'on puisse perdre au sens plein du terme, sans que cette perte n'entre à son tour dans un processus de calcul, sans que ce temps ne soit (en même temps) de quelque façon "gagné". Dans notre système de production et de forces productives, on ne peut que gagner son temps: cette fatalité pèse sur le loisir comme sur le travail. On ne peut que "faire valoir" son temps, fût-ce en en faisant un usage spectaculairement vide. Le temps libre des vacances reste la propriété privée du vacancier, un objet, un bien gagné par lui à la sueur de l'année, possédé par lui, dont il jouit comme de ses autres objets – et dont il ne saurait se dessaisir pour le donner, le sacrifier (comme on fait de l'objet dans le cadeau), pour le rendre à une disponibilité totale, à l'absence de temps qui serait la véritable liberté. »

Jean Baudrillard, *La Société de consommation*, 1970.

第25条
Article 25

1. すべての人は、衣食住、医療、必要な社会サービスなどを得て、
自分と家族の健康と福祉を確保するためにじゅうぶんな生活水準を
保つ権利をもっている。
また、失業、病気、心身障害、配偶者の死亡、老齢、
そのほか不可抗力によって生活手段を失った場合に、
保障を受ける権利がある。
2. 母親と子どもには、特別な保護と援助を受ける権利がある。
すべての子どもは、嫡出子でも非嫡出子でも、
同じ社会的保護を受けることができる。

1. Everyone has the right to a standard of living adequate for the health and
well-being of himself and of his family, including food, clothing, housing and
medical care and necessary social services, and the right to security in the
event of unemployment, sickness, disability, widowhood, old age or other lack
of livelihood in circumstances beyond his control.
2. Motherhood and childhood are entitled to special care and assistance. All
children, whether born in or out of wedlock, shall enjoy the same social
protection.

1. Toute personne a droit à un niveau de vie suffisant pour assurer sa santé, son
bien-être et ceux de sa famille, notamment pour l'alimentation, l'habillement, le
logement, les soins médicaux ainsi que pour les services sociaux nécessaires; elle a
droit à la sécurité en cas de chômage, de maladie, d'invalidité, de veuvage, de
vieillesse ou dans les autres cas de perte de ses moyens de subsistance par suite de
circonstances indépendantes de sa volonté.
2. La maternité et l'enfance ont droit à une aide et à une assistance spéciales. Tous
les enfants, qu'ils soient nés dans le mariage ou hors mariage, jouissent de la même
protection sociale.

イラスト | **パスカル・ヴァルデス** *Pascal Valdés*

「公の援助は、神聖な負債である。社会は、不幸な市民に仕事をあたえたり、仕事ができない人びとに生活手段を確保することで、彼らの生存に対する義務を負っている」

1793年6月24日の憲法、人間と市民の権利の宣言、第21条

"Public aid is a sacred debt. Society serves to protect the lives of citizens by giving jobs to less fortunate citizens or by providing the means for survival to those who cannot work."

Constitution of June 24, 1793, Declaration of the Rights of the Man and of the Citizen, Article 21.

« Les secours publics sont une dette sacrée. La société doit la subsistance aux citoyens malheureux, soit en leur procurant du travail, soit en assurant les moyens d'exister à ceux qui sont hors d'état de travailler. »

Constitution du 24 juin 1793, Déclaration des droits de l'homme et du citoyen, article 21.

「はっきり指摘しておくが、社会的保護は、きわめて貧しい人びとが完全に堕落してしまうことを避けるために援助をあたえるだけのものではない。すべての人が『同じような人びとからなる社会』に属することができるよう、基本的な生存条件を整えることが、一番の目的である」

ロベール・カステル
『社会の安全と不安全　保護されるとはどういうことか』 2003年

"To be clear, social protection is not just about helping the poorest from falling apart. The primary goal is to provide the basic conditions for survival so that all people can continue to belong to a "society of similar people."

Robert Castel, *Social Insecurity: What Does it Mean to be Protected?*, 2003.

« Il faut rappeler avec fermeté que la protection sociale n'est pas seulement l'octroi de secours en faveur des plus démunis pour leur éviter une déchéance totale. Au sens le plus fort du mot, elle est pour tous la condition de base pour qu'ils puissent continuer d'appartenir à une "société de semblables". »

Robert Castel, *L'Insécurité sociale. Qu'est-ce qu'être protégé?*, 2003.

144

「国家の一員であるということは、その本質において、一種の道徳的な契約と切りはなすことができない。共同生活は、単純な計算を採用することで成りたっている。つまり、共同体がそのメンバーひとりひとりに負っている義務は、彼らの関与への代償なのである。祖国が市民に対して負債をかかえているのは、市民が祖国のために死ぬ準備ができているからだ。戦争とは、本来、根本的に等しい原則の基礎を確立することである。つまり、ひとりひとりの命は同じ重みがあり、ひとりひとりに同じような犠牲が要求される。福祉国家は、この理想のおだやかな通常版だが、同じ原動力にもとづいている」

ピエール・ロザンヴァロン
『連帯の新たなる哲学　福祉国家再考』　1995年

"Being a member of a state is fundamentally indissociable from a moral contract. Living in a community is composed of a simple calculation: the obligations that the community has to each of its members are the price it should pay for the member's involvement. States are in debt to its citizens because its citizens are ready to die for it. War essentially establishes the fundamental principle of equality. In other words, each person's life holds the same weight, and each person's sacrifice is of equal value. Welfare states are a more subdued and conventional version of this ideal, but it is based on the same principle forces."

Pierre Rosanvallon, *The New Social Question: Rethinking the Welfare State*, 1995.

« En son essence, l'appartenance à la cité est indissociable d'une sorte de pacte moral. La vie commune repose sur l'adoption d'une arithmétique simple: les obligations de la collectivité envers chacun de ses membres sont la contrepartie de l'implication de ceux-ci. C'est parce que les citoyens sont prêts à mourir pour la patrie que celle-ci a une dette à leur égard. Le propre de la guerre est d'instaurer un principe d'équivalence radicale: chaque vie pèse d'un même poids et le sacrifice de chacun peut être appelé de la même façon. L'État-providence est une version apaisée et ordinaire de cet idéal-là, mais il est fondé sur un resort identique. »

Pierre Rosanvallon, *La Nouvelle Question sociale. Repenser l'État-providence*, 1995.

「この時代の大きなあやまちは、労働者自身に自分たちのことを任せたら、ひとりひとりが自分の手で、あるいは自発的にグループをつくって、解決策を見いだすはずだと執拗に信じられていたことだった。しかし、それがまちがいだったのはあきらかだろう。労働者たちは、その日その日を生きることで精いっぱいだったので、将来起こりうることまで考える余裕がなかった。将来のための貯蓄よりも、日々の生活に対する出費が優先された。彼らは、病気になったり失業したときに使うことのできる金銭も所有していなかった」

国際労働機関
『社会保障入門』 1984年

"A major social error of the time was the persistence of the optimistic belief that, if workers were left to themselves, they would be willing and able and imaginative enough to ensure their life individually or under some voluntary collective arrangement. The error should have been obvious enough. Workers were totally absorbed in survival from one day to the next, and hardly had time to consider distant eventualities. Meeting the certain expenses of today took precedence over saving for the possibilities of tomorrow. Nor was there anything to spare against the more immediate risks of sickness or unemployment".

International Labour Organization, *Introduction to Social Security*, 1984.

« L'erreur principale de l'époque fut de persister à croire que, si les travailleurs étaient livrés à eux-mêmes, ils feraient preuve de suffisamment d'imagination pour s'assurer individuellement ou par l'intermédiaire de dispositions collectives volontaires. L'erreur aurait dû être évidente. Les travailleurs étaient tellement absorbés à survivre au jour le jour qu'ils avaient à peine le temps de considérer les éventualités lointaines. Subvenir aux dépenses du jour avait la priorité sur épargner pour demain. Ils n'avaient pas non plus d'argent disponible en cas de maladie ou de chômage. »

Organisation internationale du travail, *Introduction à la sécurité sociale*, 1984.

第26条
Article 26

1.すべての人は、教育を受ける権利をもっている。少なくとも、初等の基礎教育に関しては、無償でなければならない。初等教育は義務である。

技術教育と職業教育は、一般に利用できるものでなければならない。

高等教育は、能力に応じて、すべての人に対して平等に開かれている必要がある。

2.教育は、人格の完全な成熟と、人権と基本的自由の尊重の強化を目的とする必要がある。また、すべての国、人種グループ、宗教グループ間の相互理解、寛容、友好関係を促進し、平和維持のために国際連合の活動を発展させるものでなければならない。

3.親は、子どもにあたえる教育の種類を選ぶ優先権をもっている。

1. Everyone has the right to education. Education shall be free, at least in the elementary and fundamental stages. Elementary education shall be compulsory. Technical and professional education shall be made generally available and higher education shall be equally accessible to all on the basis of merit.
2. Education shall be directed to the full development of the human personality and to the strengthening of respect for human rights and fundamental freedoms. It shall promote understanding, tolerance and friendship among all nations, racial or religious groups, and shall further the activities of the United Nations for the maintenance of peace.
3. Parents have a prior right to choose the kind of education that shall be given to their children.

1. Toute personne a droit à l'éducation. L'éducation doit être gratuite, au moins en ce qui concerne l'enseignement élémentaire et fondamental. L'enseignement élémentaire est obligatoire. L'enseignement technique et professionnel doit être généralisé; l'accès aux études supérieures doit être ouvert en pleine égalité à tous en fonction de leur mérite.
2. L'éducation doit viser au plein épanouissement de la personnalité humaine et au renforcement du respect des droits de l'homme et des libertés fondamentales. Elle doit favoriser la compréhension, la tolérance et l'amitié entre toutes les nations et tous les groupes raciaux ou religieux, ainsi que le développement des activités des Nations Unies pour le maintien de la paix.
3. Les parents ont, par priorité, le droit de choisir le genre d'éducation à donner à leurs enfants.

イラスト | **セバスチャン・プロン** *Sébastien Pelon*

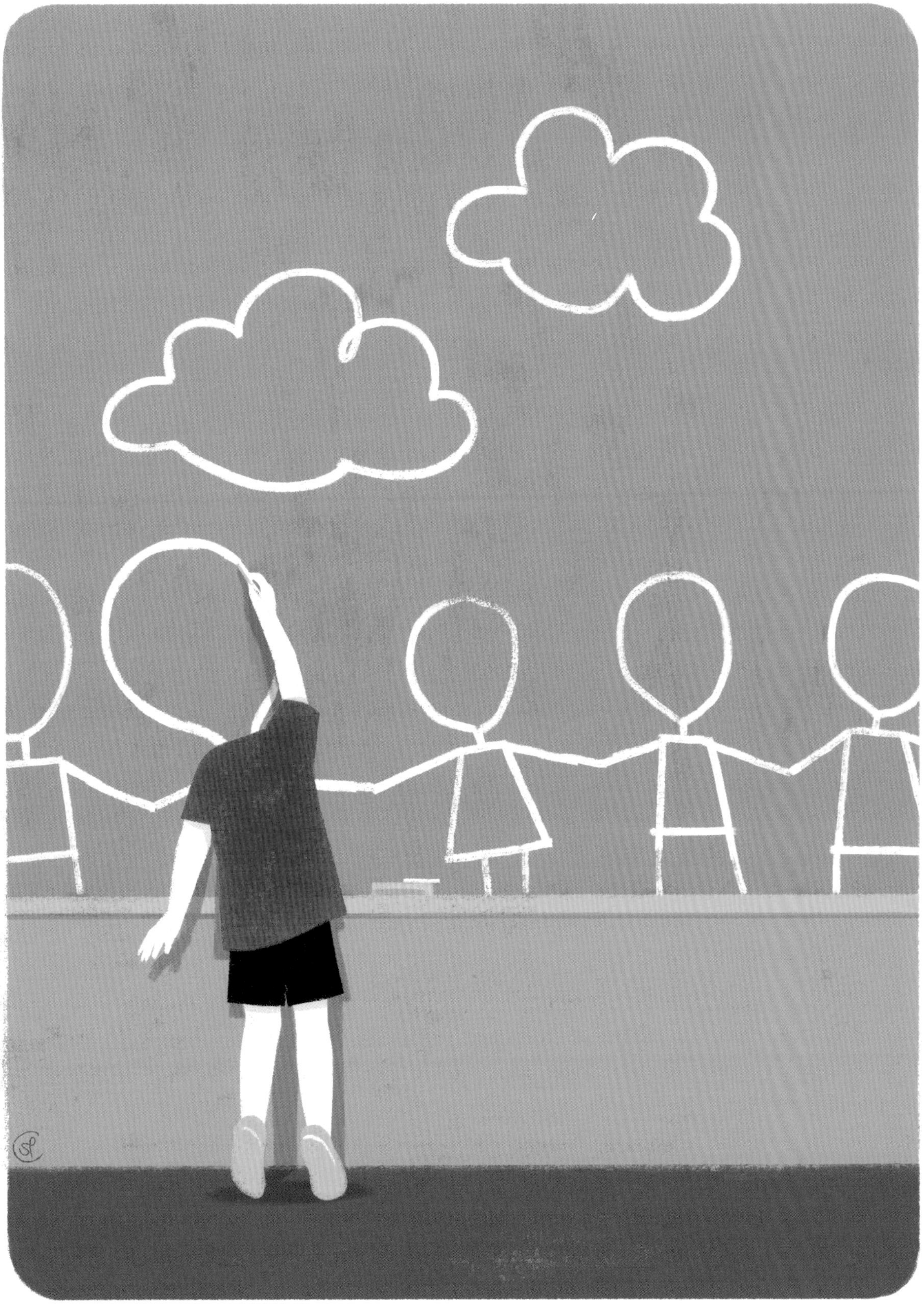

「われわれは、知識そのものや知識を伝える方法を適切に選択することで、ひとりひとりが知らなければならないことをすべて、民衆全体に教えることができる。（略）つまり、自分の権利を知り、それらを守り、それらを行使すること。自分の義務を学び、それをきちんとはたすこと。（略）自分の用件を処理してもらったり、自分の権利の行使を委任しなければならない人びとに、盲目的に依存しないこと。それらの人びとを選んだり、見張ったりできる状態であること。（略）理性の力だけで、偏見から自分の身を守ること。最後に、金持ちにしてやるとか、病気を治してやるとか、助けてやるとかいって、他人の財産、健康、言論や良心の自由を奪おうとする詐欺師に幻惑されないこと」

ニコラ・ド・コンドルセ
『人間精神の進歩に関する歴史的展望の素描』
1793〜94年

"By choosing knowledge itself and proper methods to pass it on, we can educate the entire public on everything they need to know in order to [...] know their rights, to defend them and to exercise and exert them; to be educated on and to do their duties; [...] in order not to blindly depend on those to whom they are obliged to entrust the care of their affairs or the exercise of their rights, to be able to choose them and to monitor them [...]; to defend oneself armed with the power of reason against prejudices. Finally, not to fall victim to swindlers who take away their property, health and freedom of speech or conscience by making false promises of riches, cure and help."

Nicolas de Condorcet, *Sketch for a Historical Picture of the Progress of the Human Mind*, 1793-1794.

« Nous ferons voir que par un choix heureux, et des connaissances elles-mêmes, et des méthodes de les enseigner, on peut instruire la masse entière d'un peuple de tout ce que chaque homme a besoin de savoir pour [...] connaître ses droits, les défendre et les exercer; pour être instruit de ses devoirs, pour pouvoir les bien remplir; [...] pour ne point dépendre aveuglément de ceux à qui il est obligé de confier le soin de ses affaires ou l'exercice de ses droits, pour être en état de les choisir et de les surveiller [...]; pour se défendre contre les préjugés avec les seules forces de sa raison ; enfin, pour échapper aux prestiges du charlatanisme, qui tendrait des pièges à sa fortune, à sa santé, à la liberté de ses opinions et de sa conscience, sous prétexte de l'enrichir, de le guérir et de le sauver. »

Nicolas de Condorcet, *Esquisse d'un tableau historique des progrès de l'esprit humain*, 1793-1794.

「子どもを産んだだけで、きちんと育てていない女性は、不完全な母親だといわざるをえない。同様に、子どもの肉体的な成長に必要なものはすべてじゅうぶんにあたえていても、子どもの精神を磨くためのしつけをしない男性は、不完全な父親だといえる。木は、たとえ実を1個もつけなくてもたくさんつけても、どちらも木として生まれると考えてよい。馬も、たとえ役に立たなくても、馬として生まれる。しかし、はっきりいっておきたいのだが、人間は断じて人間として生まれるのではない。人間は、あれこれ努力して人間となるのである。法律も規則もなく、森のなかで雑居生活や放浪生活をしていた原始人は、人間というよりも動物に近かった。人間をつくるのは、理性である。情熱のままにすべてがなしとげられるところに理性の場所はない」

エラスムス
『子どもの教育について』 1529年

"A woman who just gives birth but does not raise her child with care can hardly be called a half mother; Similarly, a man who just provides enough for his children's physical growth but does not educate them to refine their spirits can barely be called a half-father.
Trees are born trees, whether they bear a lot of fruit or none. Horses are also born horses, even those that are useless. However, it is clear that humans are not born humans. They become human through the efforts of inventions.

Primitive humans, who lived a promiscuous and nomadic life in the forests, without laws or rules, resemble animals more than they do humans. It is Reason that makes humans. Reason has no place where all is accomplished according to passion."

Erasmus, *The Education of Children*, 1529.

« Les femmes qui se contentent de mettre au monde un enfant sans l'élever sont à peine des demi-mères; de leur côté, ils sont à peine des demi-pères, ceux qui pourvoient à profusion à tout ce qui est necessaire au corps de leurs enfants, mais ne se soucient pas d'affiner leur esprit par quelque discipline. Les arbres, c'est bien possible, naissent arbres, même ceux qui ne portent aucun fruit ou des fruits sauvages; les chevaux naissent chevaux, quand bien même ils seraient inutilisables; mais les hommes, crois-moi, ne naissent point hommes, ils le deviennent par un effort d'invention. Les hommes primitifs, qui menaient dans les forêts, sans lois et sans règles, une vie de promiscuité et de nomadisme, ressemblaient advantage à des bêtes qu'à des êtres humains. C'est la raison qui fait l'homme; et elle n'a point de place là où tout s'accomplit au gré des passions. »

Érasme, *De pueris. De l'éducation des enfants*, 1529.

「人間は、教育によってしか、人間になることができない。人間とは、教育が人間からつくったものでしかない。ここで注意しなければならないのは、人間は人間によってでしか教育されないこと、同じように教育を受けた人間によってのみ教育されるということである。そのため、（いまのべている）訓練や知育を受けていないことで、生徒たちにとって質の悪い教育者になってしまう人もいる。もし、人間よりすぐれた存在がわれわれの教育を引きうけてくれるなら、人間がどのようになりうるかを見ることができるだろう。しかし実際の教育は、一方ではいくつかのことを人間に教え、他方ではいくつかの長所を伸ばすだけでしかないから、人間が本来もっている才能がどこまで発揮できるかを知ることはできない。せめて、この世の偉大な人びとの支援と、多くの人びとの力を集めてひとつの実験ができるなら、それだけでも、人間がどこまで進んでいけるかということについて、多くのことが解明できるだろう」

イマヌエル・カント
『教育学』 1776〜87年

"Humans become humans only through education. Humans are only what education makes of them. What should be noted here is that humans are only educated by humans, who have also been educated by other humans. Therefore, due to a lack of discipline and intellectual education, some can be bad educators for those being taught. If a being of superior nature was in charge of our education, we would then see what we could make out of people. However, actual education, on the one hand, teaches only certain things to people, and on the other hand, develops only certain strengths. Thus, it is impossible to know the limit of humans' latent potential. If we could at least do an experiment by gathering the support from the greats in the world and the power of many people, we would find out much about how far humans can advance."

Immanuel Kant, *Thoughts on Education*, 1776-1787.

« L'homme ne peut devenir homme que par l'éducation. Il n'est que ce que l'éducation fait de lui. Il faut bien remarquer que l'homme n'est éduqué que par des hommes et par des hommes qui ont également été éduqués. C'est pourquoi le manque de discipline et d'instruction (que l'on remarque) chez quelques hommes fait de ceux-ci de mauvais éducateurs pour les élèves. Si seulement un être d'une nature supérieure se chargeait de notre éducation, on verrait alors ce que l'on peut faire de l'homme. Mais comme l'éducation d'une part ne fait qu'apprendre certaines choses aux hommes et d'autre part ne fait que développer en eux certaines qualités, il est impossible de savoir jusqu'où vont les dispositions naturelles de l'homme. Si du moins avec l'appui des grands de ce monde et en réunissant les forces de beaucoup d'hommes on faisait une expérience, cela nous donnerait déjà beaucoup de lumières pour savoir jusqu'où il est possible que l'homme s'avance. »

Emmanuel Kant, *Réflexions sur l'éducation*, 1776-1787.

第27条
Article 27

1. すべての人は、自由に社会の文化生活に参加し、
芸術を楽しみ、科学の進歩とその恩恵を得る
権利をもっている。
2. 誰もが、自分のつくった科学作品、文学作品、
または芸術作品から生じる、
精神的、物質的利益を保護される権利をもっている。

1. Everyone has the right freely to participate in the
cultural life of the community, to enjoy the arts and to
share in scientific advancement and its benefits.
2. Everyone has the right to the protection of the moral
and material interests resulting from any scientific,
literary or artistic production of which he is the author.

1. Toute personne a le droit de prendre part librement
à la vie culturelle de la communauté, de jouir des arts
et de participer au progrès scientifique et aux bienfaits
qui en résultent.
2. Chacun a droit à la protection des intérêts moraux et
matériels découlant de toute production scientifique,
littéraire ou artistique dont il est l'auteur.

イラスト | **ニコラ・デュフォー** *Nicolas Duffaut*

「文明の進歩を邪魔するものは、すべて悪である。だから、印刷は自由にできなければならない。なによりもまず、生まれながらにもっている当然の権利の行使を妨げることなく、この自由を制限することはできないのである。では、印刷するとはどういうことか。それは、自分の意見や考えを、ほかの人が見ることのできる状態にする行為である。ところで、この行為には、他人の権利に反するものが含まれているだろうか。それどころか、自分以外の人の意見や考えを検討することは、真実に導かれる道のひとつだろう。真実が現実の善き物である以上、社会は知る手段をすべての個人から奪う権利をもつことはできない」

ニコラ・ド・コンドルセ
『テュルゴー氏の生涯』 1786年

"Anything that obstructs the progress of enlightenment is evil. Therefore, people should be able to print freely. First and foremost, one cannot restrict this freedom without interfering with the exercise of natural rights. What exactly does printing mean? It is to make one's opinions and ideas available to the public. However, does this act include anything opposite from the rights of others? On the contrary, considering the opinions and thoughts of other people is one of the ways that lead you to the truth. Since truth is a real good, society cannot have the right to deprive every individual of the means to know it."

Nicolas de Condorcet, *Life of Monsieur Turgot*, 1786.

« Tout obstacle au progrès des lumières est un mal. Que l'impression soit donc libre. D'abord on ne peut restreindre cette liberté sans gêner l'exercice des droits naturels. Qu'est-ce en effet qu'imprimer? C'est soumettre aux yeux des autres hommes ses opinions, ses idées. Or qu'y a-t-il dans cette action de contraire aux droits d'autrui? D'ailleurs l'examen des opinions, des pensées d'un autre n'est-il pas l'une des routes qui peuvent conduire à la vérité? Elle est un bien réel, et dès lors la société ne peut avoir le droit de priver aucun individu d'un moyen de la connaître. »

Nicolas de Condorcet, *Vie de Monsieur Turgot*, 1786.

「なによりもまず、教養があるといわれている人は、そうなる時間がある人、職業生活にかなりの余裕がある人、あるいは職業生活そのものが文化と関係している人である。商業社会において、教養があるということは、すでにそうなることが許されている社会の有利な場所に属している。このような機会に恵まれていない人びとに、文化に参加することを認めるのは、社会的地位の向上を許しているといってもよい。それは彼らを自己陶酔で満足させ、彼らの生活水準を高め、他人の前で自分のイメージの価値を高める、ひとつの方法である」

アンリ・ラボリ
『逃避への讃歌』 1976年

"First of all, the man who is said to be cultured is the one who has the time to become so, who has certain flexibility in their professional life, or whose professional life is related to the culture. In a market society, to be cultured means that they already belong to the privileged part of society that can afford to become so. Allowing those who are not blessed with such opportunities to participate in culture empowers them to improve their social status. It is a way to gratify their self esteem, improve their standing, and enrich the image they can give of themselves to others."

Henri Laborit, *In praise of Escape*, 1976.

« D'abord, l'homme que l'on dit cultivé est celui qui a le temps de le devenir, celui que sa vie professionnelle laisse suffisamment disponible, ou dont la vie professionnelle est elle-même inscrite dans la culture. Dans une société marchande, être cultivé, c'est déjà appartenir à la partie favorisée de la société qui peut se permettre de le devenir. Accorder à ceux qui n'ont pas cette chance une participation à la culture, c'est en quelque sorte leur permettre une ascension sociale. C'est un moyen de les gratifier narcissiquement, d'améliorer leur standing, d'enrichir l'image qu'ils peuvent donner d'eux-mêmes aux autres. »

Henri Laborit, *Éloge de la fuite*, 1976.

「国民あるいは信者の無知と隷属が安全の根拠となっている国家や宗教の土台は、必然的に不安定である。正しい宗教と（世界中でわれわれが望んでいるような）本物の支配体制の現実は輝かしく、その安全の源は闇ではなく光のなかに存在する。われわれは、すべての人が学者になることを求めてはいない（各人の才能や環境や状況は異なるし、そもそも同じである必要はない）。そのことを、明確にすべきである。われわれが求めているのは、すべての人が、救いにいたる知恵を手に入れられることなのだ」

ヨハネス・アモス・コメニウス
『光の道』 1642〜68年

« Les fondements d'un État ou d'une religion dont la sécurité repose sur l'ignorance et la servitude de ses sujets ou de ses adeptes sont nécessairement fragiles. Une religion authentique et un véritable système de gouvernement (comme nous en souhaitons au monde entier) sont des réalités lumineuses et leur sécurité a son origine dans la lumière, non dans l'obscurité. Il convient de préciser que nous ne demandons pas que tous les hommes deviennent des savants (cela n'étant incompatible ni avec l'étendue de leurs talents, ni avec leur milieu ou leur condition, et il n'est d'ailleurs pas nécessaire qu'il en soit ainsi). Ce que nous demandons, c'est que tous puissent atteindre la sagesse qui conduit au salut. »

Jean Amos Comenius, *Via lucis*, 1642-1668.

"The foundations of any State or religion whose security rests on the ignorance and subordination of its subjects or followers are inevitably fragile. An authentic religion and a genuine system of government, which people from all over the world desire, are luminous realities. Their security has its origin in light, not in darkness. It should be made clear that we are not asking that all men become scholars, as each person's talents, environment, and circumstances are different and do not have to be the same. What we ask for is that all may attain the wisdom that leads to salvation."

Jean Amos Comenius, *The Way of Light*, 1642-1668.

「一般的な意見によれば、芸術がつくった美は、まさしく自然の美にはるかに劣るといわれている。そして、自然の美に似せてつくられることが、芸術の最高の価値だという。本当にそうなら、もっぱら芸術的に美しい技術として理解することのできる美学は、芸術の分野の大半をその管轄から締めだしているはずである。しかし、このような見方に反して、芸術的な美は自然の美にまさると断言できることをわれわれは信じている。なぜなら、芸術的な美は精神の産物だからだ。精神は自然にまさっているのだから、その優越はその産物に、つまり芸術にも反映されている。そのため、芸術的な美は自然の美にまさる。考えに由来するものはすべて、自然のなかに存在するものよりす

ぐれている。人間の精神を貫く最悪の考
えも、自然のもっとも偉大な産物よりも
すばらしく、より気高い。なぜなら、ま
さしくそれは精神に関与していて、精神
は自然にまさっているからである」

ゲオルク・ヴィルヘルム・フリードリヒ・ヘーゲル
『美学講義』 1835 ～ 37年

"The common opinion is that the beauty created by art remains far inferior to natural beauty. The greatest value of art would consist of approaching the natural beauty in its creations. If it were so, aesthetics, understood as the science of artistic beauty, would leave a large part of the artistic domain outside its competence. However, against this way of thinking, we believe it is possible to affirm that artistic beauty is superior to natural beauty because it is a product of the spirit. Since the spirit is superior to nature, its products, consequently art, communicate its superiority. This is why artistic beauty is superior to natural beauty. Everything that comes from thoughts is superior to what exists in nature. Even the worst idea that crosses a man's mind is better and higher than the greatest production of nature. This is because the idea precisely comes from the spirit, and the spiritual is superior to the natural."

Georg Wilhelm Friedrich Hegel, *Aesthetics or Philosophy of Art*, 1835-1837.

« D'après l'opinion courante, la beauté créée par l'art serait même bien au-dessous du beau naturel, et le plus grand mérite de l'art consisterait à se rapprocher, dans ses créations, du beau naturel. S'il en était vraiment ainsi, l'esthétique, comprise uniquement comme science du beau artistique, laisserait en dehors de sa compétence une grande partie du domaine artistique. Mais nous croyons pouvoir affirmer, à l'encontre de cette manière de voir, que le beau artistique est supérieur au beau naturel, parce qu'il est un produit de l'esprit. L'esprit étant supérieur à la nature, sa supériorité se communique également à ses produits et, par conséquent, à l'art. C'est pourquoi le beau artistique est supérieur au beau naturel. Tout ce qui vient de l'idée est supérieur à ce qui existe dans la nature. La plus mauvaise idée qui traverse l'esprit d'un homme est meilleure et plus élevée que la plus grande production de la nature, et cela justement parce qu'elle participe de l'esprit et que le spirituel est supérieur au naturel. »

Georg Wilhelm Friedrich Hegel, *Esthétique ou Philosophie de l'art*, 1835-1837.

第**28**条
Article 28

すべての人は、
この宣言に掲げる権利と自由が
完全に実現される
社会秩序と国際的秩序に対する
権利をもっている。

Everyone is entitled to a social and
international order in which the rights
and freedoms set forth in this
Declaration can be fully realized.

Toute personne a droit à ce que règne,
sur le plan social et sur le plan
international, un ordre tel que les droits
et libertés énoncés dans la présente
Déclaration puissant y trouver plein effet.

イラスト｜**ベアトリス・ブーロトン** *Béatrice Bourloton*

「ああ、王たちよ。いまこそ学ぶがいい。
刑罰も、褒章も、
血なまぐさい牢獄も、祭壇も、
あなたたちの防壁とはならない。
法律の確実な保護を認めて、
率先してそれに屈服せよ。
民衆の自由と平和こそが、
王座を永遠に守るのだから」

アレクサンドル・プーシキン
『自由へのオード』 1817年

"Oh Kings, now is the time to learn!
No punishments, no rewards,
No bloody jail, nor altars
Can serve you as a safeguard.
Bow down, be the first to accept
The solid protection of the Law.
For people's liberty and peace
Will become the eternal guardian of the throne. "

Alexandre Pouchkine, *Ode to Liberty*, 1817.

« Ô rois, que cela vous soit une leçon!
Ni le châtiment, ni les récompenses,
Ni le sang des geôles, ni les autels
Ne peuvent vous servir de sauvegarde.
Inclinez-vous, soyez les premiers à accepter
La protection sûre de la Loi;
La liberté et la paix des peuples
Deviendront alors les éternels gardiens du trône. »

Alexandre Pouchkine, *Ode à la liberté*, 1817.

「公の安全、あるいは全員に共通する利益を代表する国家が奪っているのは、国民ひとりひとりの自由の一部だけで、残りのすべてはそれぞれの人に残されている、という答えが返ってくるだろう。しかしこの残りの部分、つまりそれは安全といいかえることができるのだが、それは決して自由などではない。自由は、分割することができないからだ。自由のすべてを破壊せずに、一部だけを奪うことはできない」

ミハイル・バクーニン
『自由』 1867年

"The answer would be that the state, the representative of public safety or the common interest of all, takes away only a part of the liberties of individuals, and all the rest remains with each person. However, the rest that remains, in other words, security, is never liberty. Because liberty is indivisible: one cannot take away a part of it without destroying it entirely."

Mikhail Bakunin, *Liberty*, 1867.

« On répondra que l'État, représentant du salut public ou de l'intérêt commun de tous, ne retranche une partie de la liberté de chacun, que pour lui en assurer tout le reste. Mais ce reste, c'est la sécurité, si vous voulez, ce n'est jamais la liberté. La liberté est indivisible: on ne peut en retrancher une partie sans la tuer tout entière. »

Mikhaïl Bakounine, *La Liberté*, 1867.

「まずは、みなさんにうかがいます。現代に生きるイギリス人、フランス人、アメリカ合衆国の住民は、自由という言葉を聞いて、なにを思いうかべるでしょうか。

　自由とは、誰もが法律にしか従わない権利、ひとり、あるいは複数の人の勝手な意向によって逮捕されたり、勾留されたり、死刑に処せられたり、どのような方法でも虐待されたりしない権利をもっていることです。自由とは、誰もが自分の意見をいう権利、自分の職業を選んでその職業を営む権利、自分の財産を処分したり、悪用さえすることのできる権利、許可を得たり、理由や手段の説明をしなくても自由に行き来できる権利をもっていることです。自由とは、誰もが自分の興味があることについて語ったり、自分と仲間が選んだ信仰を告白したり、あるいはただたんに、よりいっそう自分の好みや気分に合った時間を過ごすために、ほかの人たちと集まる権利をもっていることです。そして最後に、自由とは、すべて、あるいは一部の役人を任命したり、当局が多少とも考慮せざるを得ない代表者や嘆願書や陳情書を通じて、誰もが行政に影響をおよぼすことができる権利をもっていることです」

バンジャマン・コンスタン
『現代人の自由と比較した古代人の自由について』、パリのアテネ・ロワイヤルで行なった演説
1819年3月6日

"First of all, I would like to ask all of you what the people of England, France and the United States of America in the present think of when they hear the word "liberty"?
Liberty means that everyone has the right to be subject only to the laws, the right not to be arrested, detained, executed, abused in any manner by one or more people's selfish intentions.
Liberty means that everyone has the right to express their opinions, choose their occupation and run their jobs, to dispose of or even abuse their properties, and freely move around without getting permission and explaining reasons or means.
Liberty means that everyone has the right to gather with others to discuss their interests, to confess the faith that they and their fellows have chosen and merely to spend time in a way that better suits their tastes and feelings.
Finally, liberty means that everyone has the right to influence the government by designating all or certain officials, or through representatives, petitions and requests which the authorities are more or less obliged to take into account."

Benjamin Constant, *The Liberty of Ancients Compared with that of Moderns*, speech delivered at the Royal Athenaeum in Paris, March 6th, 1819.

« Demandez-vous d'abord, Messieurs, ce que, de nos jours, un Anglais, un Français, un habitant des États-Unis de l'Amérique, entendent par le mot de liberté?
C'est pour chacun le droit de n'être soumis qu'aux lois, de ne pouvoir être ni arrêté, ni détenu, ni mis à mort, ni maltraité d'aucune manière, par l'effet de la volonté arbitraire d'un ou de plusieurs individus. C'est pour chacun le droit de dire son opinion, de choisir son industrie et de l'exercer, de disposer de sa propriété, d'en abuser même ; d'aller, de venir sans en obtenir la permission, et sans rendre compte de ses motifs ou de ses démarches. C'est, pour chacun, le droit de se réunir à d'autres individus, soit pour conférer sur ses intérêts, soit pour professer le culte que lui et ses associés préfèrent, soit simplement pour remplir ses jours ou ses heures d'une manière plus conforme à ses inclinations, à ses fantaisies. Enfin, c'est le droit, pour chacun, d'influer sur l'administration du gouvernement, soit par la nomination de tous ou de certains fonctionnaires, soit par des représentations, des pétitions, des demandes, que l'autorité est plus ou moins obligée de prendre en considération. »

Benjamin Constant, *De la liberté des Anciens comparée à celle des Modernes*, discours prononcé à l'Athénée royal de Paris, 6 mars 1819.

第29条
Article 29

1. 各個人は、そのなかでだけ人格の自由で
完全な発展が可能である社会に対する義務を負っている。
2. すべての人は、権利を行使し、自由を享受する際、
他人の権利と自由を認めて尊重し、民主的な社会における道徳と
公の秩序と一般の福祉の正当な要求を満たすことだけを目的に
法律が定めた制限しか受けることはない。
3. これらの権利と自由は、どのような場合でも、
国際連合の目的と原則に反して行使することはできない。

1. Everyone has duties to the community in which alone the free and
full development of his personality is possible.
2. In the exercise of his rights and freedoms, everyone shall be subject
only to such limitations as are determined by law solely for the
purpose of securing due recognition and respect for the rights and
freedoms of others and of meeting the just requirements of morality,
public order and the general welfare in a democratic society.
3. These rights and freedoms may in no case be exercised contrary to
the purposes and principles of the United Nations.

1. L'individu a des devoirs envers la communauté dans laquelle seul le
libre et plein développement de sa personnalité est possible.
2. Dans l'exercice de ses droits et dans la jouissance de ses libertés,
chacun n'est soumis qu'aux limitations établies par la loi
exclusivement en vue d'assurer la reconnaissance et le respect des
droits et libertés d'autrui et afin de satisfaire aux justes exigences de la
morale, de l'ordre public et du bien-être general dans une société
démocratique.
3. Ces droits et libertés ne pourront, en aucun cas, s'exercer
contrairement aux buts et aux principes des Nations Unies.

イラスト | ジャッジ *Jazzi*

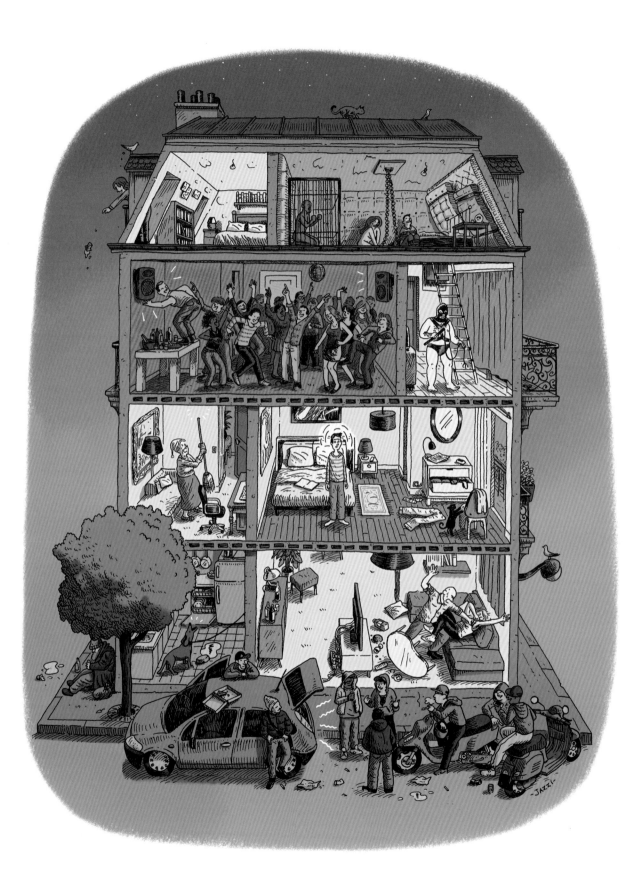

「仁とはなにか、とたずねた仲弓に、孔子はこう答えた。『家から外に出たら、誰に対しても重要な賓客を相手にするようにふるまいなさい。人を使うときは、大きな祭祀を手伝うときのような敬虔な気持ちでいること。自分がしてほしくないことを、他人にしてはならない。そうすれば、国に仕えているときも、家にいるときも、恨まれることはないだろう』。仲弓は、いった。『私は愚かな人間ですが、先生のお言葉を実践しようと思います』」

孔子
『論語』 前400年ころ

"Confucius answered Ran Yong who asked him about perfect virtue, "When you are outdoors, you must behave to everyone as if you are dealing with a precious guest. When with subordinates, be devout as if you are helping out a great ritual. You must not do unto others what you would not wish others to do unto you. Then, you would not make enemies whether you are serving your country or at home." Ran Yong said, " I'm a foolish person, but I'm going to practice your advice." "

Confucius, *Analects*, around 400B.C.

« À Tchong-kong qui l'interrogeait sur l'humanité, Confucius répondit: "Quand tu sors de chez toi, conduis-toi avec chacun comme tu le ferais avec un hôte de marque. Uses-en avec les gens comme si tu assistais à un grand sacrifice. Ne fais pas à autrui ce que tu ne veux pas qu'on te fasse. Alors il n'y aura pas de plainte contre toi dans l'État ou dans la famille." Tchong-kong dit: "Bien que je ne sois pas intelligent, puis-je mettre tes paroles en pratique ?" »

Confucius, *Entretiens avec ses disciples*, vers 400 avant J.-C.

「権利のまことの源は、義務である。われわれが自分の義務をすべてはたせば、自分の権利をたやすく尊重してもらえる。自分の義務を怠っているのに権利を主張すれば、権利は自分のものではなくなる。鬼火のように、追いかければ追いかけるほど、権利は遠ざかってしまうだろう」

マハトマ・ガンディー（1869〜1948年）

"The true source of rights is duty. If we fulfill all our obligations, our rights will be easily respected. If we insist on our rights while neglecting our duties, our rights will not be ours. Like will-o'-the-wisp, the more we chase after them, the farther they will be away."

Mahatma Gandhi (1869-1948).

« La véritable source des droits est le devoir. Si nous nous acquittons tous de nos devoirs, le respect de nos droits sera facile à obtenir. Si, négligeant nos devoirs, nous revendiquons nos droits, ils nous échapperont. Tels des feux follets, plus nous les poursuivrons, plus ils s'éloigneront de nous. »

Mahatma Gandhi (1869-1948).

「人間の権利について語るなら、人間の義務についても語らなければなりません。権利と義務には関係があり、このふたつはひとつのものとして理解する必要があります。

人間の尊厳と人間の愛についても、同様です。人類は現在、そしておそらくこのあともかなり長いあいだそうだと思われますが、その大半がまったく尊厳をもたず、尊敬よりも同情に値します。しかし、人類本来の性質がもつ高み、人類本来の価値と尊厳をつくり出しているものと同じ高さにまで達しなければなりません。（略）それは、人類の特徴を示す人間性です。人間性はわれわれのなかに生まれつき潜在的なものとして備わっているだけなので、それを文字どおり磨いていかなければなりません。生まれながらにして、人間性ができあがっているわけではないのです。人間性は、われわれの現世における努力の目標、われわれの活動の集大成、われわれの価値となる必要があります。（略）人類における神々しい存在でさえ、われわれのなかにある人間性の修養の結果なのです。(略)この(人間性の)修養は、終わりのない継続すべき行為です。これをしなければ、立派な人びとも、取るに足りない人びとも、未開の獣性と粗野のなかへ沈みこんでしまうでしょう」

ヨハン・ゴットフリート・ヘルダー
『人間性促進のための書簡』 1793～97年

"When we talk about the rights of people, we have to talk about their obligations as well. Rights and obligations have a relationship and they need to be understood as one. It is the same for human dignity and love. As of now, and it seems to continue for a long time in the future, most people have no dignity and they deserve more pity than respect. However, it must reach the same level as the nature of human beings, the level of what makes the inherent value and dignity of human beings […]. It is humanity that shows the characteristics of human beings. Since it is potentially inherited in human beings, we have to literally cultivate it. Humanity is not inherently completed. Humanity should be our destination of effort in this world, the culmination of our activities and our value […]. Even the divine presence among human beings, they are the consequence of our development of humanity […]. This cultivation is eternal and should be continued. Otherwise, both respectable and insignificant people would sink into the uncivilized animality and savageness."

Johann Gottfried von Herder, *The Letters for the Advancement of Humanity*, 1793-1797.

« On ne peut parler des droits de l'homme sans parler des devoirs de l'homme; les uns se rapportent aux autres, et pour les deux ensemble, nous cherchons un mot. Il en va de même de la dignité humaine et de l'amour des hommes. Le genre humain, tel qu'il est aujourd'hui et sera sans doute longtemps encore, ne possède pour sa plus grande part aucune dignité et mérite plus de compassion que de vénération, mais il doit être élevé à la hauteur de la vraie nature de l'espèce, de ce qui fait sa valeur et sa dignité [...]. C'est l'humanité qui caractérise notre espèce: elle n'est en nous qu'une virtualité native et doit être proprement cultivée. Nous ne l'apportons pas toute faite en venant au monde; elle doit devenir le but de nos efforts terrestres, la somme de nos activités, notre valeur [...]. Même ce qu'il y a de divin dans l'espèce résulte de la culture de l'humanité en nous [...]. Cette culture [de l'humain] est une œuvre à poursuivre sans fin ni cesse, ou bien nous sombrons, grands et petits, dans la bestialité et la brutalité primitives. »

Johann Gottfried von Herder, *Lettres pour l'avancement de l'humanité*, 1793-1797.

「個人の自由が制限されるのは、その先へ行くと他人の自由を妨げそうになるときだけです。法律が、その限界を見きわめて、規定します。法律が定めていない部分では、すべての人がすべての点で自由です。なぜなら、社会的な団結は、ひとり、あるいは複数の個人の自由を目的としているのではなく、すべての人の自由を目的としているからです。程度の差はあっても、ある人が別の人よりも自由な社会は、まちがいなく秩序が乱れているでしょう。もはや、自由とはいえません。そのような社会は、つくりなおす必要があるはずです」

アベ・シエイエス
『憲法前文。人および市民の権利の承認および理論的解説』、憲法委員会で読みあげられたもの
1789年7月20日・21日

"Freedom of an individual is restricted only when it is likely to violate that of others. Law determines and stipulates the limitation. In the areas that are not mentioned by law, all people are free in all perspectives because societal cohesion pursues not the freedom of one or several individuals, but the freedom of everyone. Although there would be differences to some degree, the society where some people are freer than others must be disorderly. People are no longer free. Such a society should be reorganized."

Abbé Sieyès, *Preliminary to the Constitution: Recognition and Rational Explanation of the Rights of Man and Citizen,* read at the Committee of the Constitution, July 20th and 21st, 1789.

« Les limites de la liberté individuelle ne sont placées qu'au point où elle commencerait à nuire à la liberté d'autrui. C'est à la loi à reconnaître ces limites et à les marquer. Hors de la loi, tout est libre pour tous: car l'union sociale n'a pas seulement pour objet la liberté d'un ou de plusieurs individus, mais la liberté de tous. Une société dans laquelle un homme serait plus ou moins libre qu'un autre, serait, à coup sûr, fort mal ordonnée: elle cesserait d'être libre; il faudrait la reconstituer. »

Abbé Sieyès, *Préliminaire de la Constitution. Reconnaissance et exposition raisonnée des droits de l'homme et du citoyen*, lu au Comité de Constitution, 20 et 21 juillet 1789.

第30条
Article 30

この宣言のどの条項も
いずれかの国、集団、または個人に、
この宣言に掲げる権利と自由を
破壊する活動を行なったり、
そのような目的をもったことをする権利を
認めていると解釈してはならない。

Nothing in this Declaration may be interpreted as implying for any State, group or person any right to engage in any activity or to perform any act aimed at the destruction of any of the rights and freedoms set forth herein.

Aucune disposition de la présente Déclaration ne peut être interprétée comme impliquant pour un État, un groupement ou un individu un droit quelconque de se livrer à une activité ou d'accomplir un acte visant à la destruction des droits et libertés qui y sont énoncés.

イラスト | ピエール・アラリー *Pierre Alary*

「相手に恐怖をあたえても長期にわたって身を守ることはできず、好意を示せばいつまでも忠誠が約束される。そうしなければ抑えることができない従僕たちに対する主人のように、力で抑圧することで権威を示している人は、厳しい手段に出なければならないこともあるだろう。しかし、自由な国家で人から恐れられるような態度をとることは、この上なく無分別である。たしかに、金銭と引きかえに法律を打ち砕き、自由を威圧することはできる。しかし往々にして、無言の批判や公職選挙時の無記名投票によって、法律や自由はふたたびおもてにあらわれてくる。ずっと維持されていた自由よりも、一度奪われてふたたび獲得された自由のほうがより激しく権力を攻撃するものだ。だから、自分たちの生命だけではなく、財産や権力も守ることのできる、きわめて簡単に手に入る方法を選ぼうではないか。つまり、恐怖をあたえるのではなく、すべての人を愛するのである。そうすれば、公私ともに自分が望んでいるものを、たやすく得ることができるだろう。恐怖をあたえようとすると、恐怖を感じている相手を自分も恐れることになる」

キケロ
『義務について』　前44年

"Making others fear oneself cannot offer protection for long, but showing affection towards them will guarantee eternal loyalty. Should this fail to happen, there will be times when harsh measures must be taken against those who exercise authority by oppressing with force, much like the measures a master will resort to if his subordinates cannot be controlled. However, acting in a way that will anger people in a free state is the most senseless thing one can do. It is true that one can break the law and threaten freedom in exchange for money. However, silent criticism and public elections which utilize secret ballots often bring law and freedom back into focus. Freedoms which have been regained after being taken away are more violent towards power than freedom that has been maintained. Therefore, let us choose the easiest way to protect not only our lives, but also our property and power. In other words, do not instill fear in others, but love all people. By doing so, one can easily obtain what they seek or desire both privately and publicly. By attempting to instill fear, one will come to fear the person who fears them."

Cicero, *On Duties*. 44 B.C.

« La crainte vous garantit mal une longue vie, tandis que la bienveillance vous assure d'une fidélité qui ne cesse pas. À qui tient ses sujets sous son autorité grâce à une oppression violente, il faut sans doute employer des moyens cruels, comme le maître doit le faire envers ses serviteurs s'il ne peut les tenir autrement; mais dans une cité libre, il n'est rien de plus fou que de prendre des mesures pour se faire craindre: on peut bien ruiner les lois à prix d'argent et intimider la liberté, des jugements muets, des suffrages anonymes sur une charge à pourvoir les font pourtant parfois ressurgir. La liberté, quand on la fait cesser, attaque le pouvoir avec plus d'âpreté que si on la maintient. Embrassons donc le parti qui est d'accès très facile, et qui ne sert pas seulement à la conservation de notre vie, mais à celle de notre richesse et de notre pouvoir: loin de nous faire craindre, gardons l'amour de tous; et ainsi nous obtiendrons très facilement ce que nous voudrons dans nos affaires privées et dans notre vie publique. Quand on veut se faire craindre, on doit soi-même éprouver la crainte de ceux qui nous craignent. »

Cicéron, *Traité des devoirs*, 44 avant J.-C.

「憎んだり恐れるよりも、死ぬほうがよい。憎まれたり恐れられるよりも、2回死ぬほうがよい。いつの日かこれが、政治的に秩序だったすべての社会の究極的な道徳基準となるだろう」

フリードリヒ・ニーチェ
『漂泊者とその影』 1880年

"It is better to die than to hate and fear. It is better to die twice than to be hated and feared. This will surely one day become the ultimate moral foundation of any politically organized society."

Friedrich Nietzsche, *The Traveler and His Shadow*, 1880.

« Il vaut mieux périr que haïr et craindre ; il vaut mieux périr deux fois que se faire haïr et redouter; telle devra être un jour la suprême maxime de toute société organisée politiquement. »

Friedrich Nietzsche, *Le Voyageur et son ombre*, 1880.

「政治があまりにもまちがった道に迷いこみ、横暴で専制的になって国民の権利と自由を犠牲にするようになったとき、正義に従って政治を引きもとし、立てなおすのが、まさしく法律の使命である。よく知られている見事な例として、マグナ・カルタ〔イングランド国王の権力を制限した文書〕の制定と、フランス革命時の人間と市民の権利の宣言の公布があげられる。日本国民の規範や手本として、彼らを崩壊と堕落から守るために、その頭上にたなびいているのは、まさしく法律の力である」

岡村司
『法学通論』 19世紀〔フランス語訳を日本語に訳しなおしたもの〕

"When the government steers in the wrong direction and makes itself arrogant and tyrannical by sacrificing the rights and the freedoms of the people, it is precisely the duty of the law to bring the government back and restore it in accordance with justice. Two well-known, excellent examples are the enactment of the Magna Carta (a document which limited the power of the King in England), and the creation of The Declaration of the Rights of Man and of the Citizen during the French Revolution. That is, the law is the power that hangs above the Japanese people's heads which protects them from corruption and destruction as examples of the standard and the model to the people."

Tsukasa Okamura, *General Theory of Law*, 19th Century.

« Quand l'administration se laisse fourvoyer à l'excès et se rend despotique et tyrannique en sacrifiant le droit et la liberté du peuple, c'est justement la mission des lois que de la redresser et de la ramener dans le sillage de la justice. L'établissement de la Grande Charte en Angleterre et la promulgation de la Déclaration des droits de l'homme et du citoyen, au temps de la Révolution en France, sont de beaux exemples célèbres. Ce qui plane dans les airs au-dessus du peuple japonais pour lui servir de règle et de modèle en le préservant de la débâcle et de la dépravation, c'est justement la vertu des lois. »

Tsukasa Okamura, *Précis de droit*, XIXe siècle.

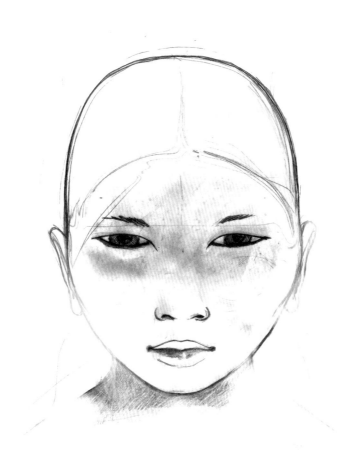

イラストレーター紹介

p.178

レベッカ・ドートゥルメール
Rébecca Dautremer

1971年に、ギャップで生まれる。パリの国立高等装飾美術学校で学ぶ。1996年にゴーティエ=ラングロー社から最初の本『ヤギとオオカミ』を出したあと、立てつづけに成功を収めた。そのなかには、『恋するひと』（2004年にソルシエール賞を受賞）、『バーバ・ヤーガ』、『シラノ』、『スイング・カフェ』がある。『だれも知らなかったお姫さま図鑑』はベストセラーとなり、20ヵ国語に翻訳されて、60万部以上が売れた。また、2011年には、アレッサンドロ・バリッコの有名な小説『絹』のイラスト版をティシナ出版から出している。

雑誌や広告の分野でも活躍中。演劇にも進出し、さらにはドミニク・モンフェリー監督のアニメ映画『ケリティ、物語の家』でアートディレクターを務めた。2009年12月に公開されたこの映画は、アヌシー国際アニメーション映画祭で賞を獲得している。

2009年にはシェーヌ出版から最初のアートブックを、2015年にはティシナ出版から2冊目を出した。

https://www.rebeccadautremer.com/
https://www.facebook.com/rebeccadautremer

第1条

クリストフ・ロートレット
Christophe Lautrette

トゥールーズの応用美術学校と、パリのアニメ映画専門学校ゴブランで学ぶ。その後、ディズニー・フランスとビボ・フィルムの仕事をした。20年来、ロサンゼルスのドリームワークス・アニメーションで働いている。『プリンス・オブ・エジプト』『スピリット』『エル・ドラド　黄金の都』『シンドバッド7つの海の伝説』『シャーク・テイル』『マダガスカル』『ガーディアンズ　伝説の勇者たち』『カンフー・パンダ』など、数多くの作品に携わった。『ビー・ムービー』ではアートディレクターを、『クルードさんちのはじめての冒険』と現在制作中のその続編ではプロダクションデザイナーを務めている。

また、さまざまな芸術家による共同作品である『ムーンシャイン』は、彼が中心となってつくった本である。

lautrette.blogspot.fr

第**2**条

カルロス・フェリペ・レオン
Carlos Felipe León

1981年に、コロンビアのボゴタで生まれる。インダストリアル・エンジニアリングを学んだあと、フランスで美術の夢を追い求める決心をする。2007年にCGクリエイター養成学校シュパンフォコムを卒業後、アニメ映画の世界、とくに、ビジュアルデベロップメント、カラーデザイン、ライトアート、アートディレクションの分野で働く。
ヨーロッパのさまざまなスタジオ（フレームストア、イルミネーション・エンターテインメント、ネオミ・アニマシオン、ビボ・フィルムなど）で仕事をしたあと、現在はサンフランシスコに居住し、ドリームワークス・アニメーションのために働いている。イラストレーターとしても活動しているほか（ネクサス、オキュラス・ストーリー・スタジオなど）、個人的に油彩画の制作も進めている。

carlos-leon.com

第**3**条

カミーユ・アンドレ
Camille André

1990年に、韓国で生まれる。文学バカロレア〔大学入学資格〕を取得後、アニメ映画の勉強をするために、ルーベの高等応用美術・テキスタイル学校とパリのアニメ映画専門学校ゴブランに通う。
アメリカのスタジオ（ソニー・ピクチャーズ・アニメーション、ブルースカイ・スタジオ）でキャリアを開始し、一時期はディズニー・フランスでも働いていた。パリに戻ってからは、キャラクターデザイナーとしてオニクス・フィルムのために仕事をするほか、バンド・デシネ〔フランス語圏の漫画〕のプロジェクトも進めている。

第4条

マエル・グルムラン
Maël Gourmelen

アニメーターでデザイナーでイラストレーターでもある。トゥールのエコール・ブラッサールでグラフィックデザインとイラストレーションを学んだあと、2008年にパリのアニメ映画専門学校ゴブランを卒業。パリ（ユニバーサルとのあいだで）とロサンゼルスで仕事の契約を結び、2年間住んだロサンゼルスでは、ディズニー・スタジオとドリームワークス・アニメーションで、手描きの登場人物に命を吹きこむ作業をした。

2013年末、フリーの立場で芸術に情熱を注ぎ、仕事の幅を広げるために、妻とともにパリへ戻る。現在の顧客には、ライカ、アードマン、パラマウント・アニメーションが含まれている。同時に、イラストレーションや監督の仕事に少しずつ歩を進めているところである。

自然と動物を熱愛している。

grudoaaameriques.blogspot.fr

第5条

リュリュ・ダルディス
Lulu d'Ardis

パリの有名なリセで文学バカロレアを、国立高等学校でファッションデザインの上級技術者免状を取得。人生の展望が完全に開かれたと思ったが、世に知られる「ファッションの世界」に反感を覚え、企業での仕事にも嫌気がさすようになった。2011年に、Le Monde.frで「社交界の出来事と悪ふざけ」と題したイラストのブログを開設。このとき、リュリュ・ダルディスというペンネームと、マスコット的な登場人物として同名の若い女性を考案した。この女性はバーの常連で、野心がまったくなく、たえず斜に構えている。

2015年1月に、シェーヌ出版社から最初の著書『リュリュ、1杯飲む』を出した。

luludardis.blog.lemonde.fr

第**6**条

アレクサンドル・ピュヴィラン
Alexandre Puvilland

1974年生まれ。パリ近郊で、父親のバンド・デシネを読んで育つ。アニメーションそのもの（見て楽しむものとしてのアニメーション）ではなく、アニメーションの世界が人を魅了する力（制作するものとしてのアニメーション）に心を惹かれ、パリのアニメ映画専門学校ゴブランで学んだあと、1年で大金持ちになれることを期待しながらサンフランシスコに居を移した。それから16年後の現在もカリフォルニアに住み、素晴らしい最愛の妻と、レオとアドリアンという名前のふたりの息子と暮らしている。ドリームワークス・アニメーションのために仕事をしており、暇を見つけてはバンド・デシネを描いているが、まだ大金持ちにはなっていない（不公平だ）。

alexpuvilland.com
sickofpenguins.blogspot.com

第**7**条

カロリーヌ・ピオション
Caroline Piochon

アニメーターでイラストレーターでもある。2005年にパリのアニメ映画専門学校ゴブランを卒業したあと、『ブレンダンとケルズの秘密』（カートゥーン・サルーン）、『イリュージョニスト』（ゴーモン）、『ロング・ウェイ・ノース』（2ミニュット）、『ドフス』（アンカマ）、『レッドタートル　ある島の物語』（プリマ・リネア＆スタジオジブリ）など、数多くのヨーロッパの長編映画の仕事をした。同じ時期、フラマリオン社とオズー社で児童書シリーズの、ミラン社でさまざまな雑誌記事の挿絵を担当。現在は、パリでオニクス・フィルムの長編映画のデザインをしている。

sumi-pimpampoum.blogspot.fr

第8条

シリル・ベルタン
Cyrille Bertin

1976年に、ナント地方で生まれる。応用美術バカロレアとふたつの上級技術者免状（デザインとビジュアルコミュニケーション）を取得後、1999年に、グラフィックデザイナー兼イラストレーターとして、ウェブデザイン会社ショドロン・マジックに入社する。2003年末にフリーになったあとは、グラフィックデザイナーよりイラストレーターとして仕事をすることが多くなった。
ウェブサイトと広告を中心に、さまざまなプロジェクトで活躍中。展覧会やグループでの活動に参加することに喜びを感じている。それらの仕事と並行して、2011年には『ドーム』ではじめてバンド・デシネの彩色を手がけた。その後、バルバラ・カネパとともに『スカイ・ドール』第4巻の彩色を担当している。

cyrille.ultra-book.com

第9条

ルイ・トマ
Louis Thomas

映画監督でイラストレーターでもある。パリのアニメ映画専門学校ゴブランで学んだあと、2012年末にロサンゼルスのカリフォルニア芸術大学を卒業した。1年間の交換留学と、カリフォルニアにある複数のアニメーショ

ン・スタジオでの契約が終わると、より自由な環境を求めて、フランスで仕事をすることを決意する。
2013年以降、パリのパンテオンとリュクサンブール公園のあいだにあるアトリエに住み、猫のピポを助手として働いている。さまざまな作品をつくるために、ゴブラン出身のアニメーターたち、友人のコンポジターやサウンドデザイナーたちが協力体制にある。
最近の顧客には、ピクサー、ユニバーサル、カートゥーンネットワーク、ライカ、ソニー・ピクチャーズ、テームズ・アンド・ハドソン、ハバス、インタースポート、レコール・デ・ロワジール、バイヤール、ペンギン、ランダム・ハウスなどが含まれている。

第10条

リュノ
Reuno

10年以上前から、世界的に知られるブランド（グラツィア、ダノン、コカ・コーラなど）でイラストを描いている。
作品は、アートブック、広告キャンペーン、テレビゲーム、アルバムの表紙の形で発表されてきた。また、数多くの児童書の著者でもある。

reuno.net

第11条

シルヴァン・フレコン
Sylvain Frécon

フランスのイラストレーターでデザイナーで
バンド・デシネのカラーリスト。1972年に、
ブールジュで生まれる。リヨンの応用美術学
校エミール・コールで3年間学ぶ。現在は、
児童書、雑誌、バンド・デシネの分野で仕事
をしている。

sylvainfrecon.canalblog.com
facebook.com/sylvain.frecon.dessin

第12条

セバスチャン・ムラン
Sébastien Mourrain

1976年に、オーベルヴィリエで生まれる。
リヨンの応用美術学校エミール・コールで学
び、2000年に卒業。以後、イラストを描き
はじめる。数多くの出版社（アクト・シュッ
ド・ジュニオール社、フルミ・ルージュ社、
スイユ・ジュネス出版社など）や雑誌のため
に仕事をしている。作品は、イマジエ・ヴァ
ガボンを介した展覧会で見ることができる。
リヨン在住。アトリエ「ル・ボカル」に所属。

sebastienmourrain.tumblr.com

第13条

マルク・ブタヴァン
Marc Boutavant

1970年生まれ。グラフィックデザイナーで、
イラストレーターで、バンド・デシネ作家で
もある。アルバン・ミシェル社、アクト・シ
ュッド・ジュニオール社、ナタン社、スイユ・
ジュネス出版社、ミラン社から、数多くの児
童書を出している。最初の著書は、アクト・
シュッド・ジュニオール社の「一歩ずつ」シ
リーズの一冊で、フランソワ・ミシェルとの
共著『エコロジーを一歩ずつ』である。
2002年には、ミラン社の児童書、「ムーク」
シリーズで、独自の動物世界をつくりあげた。
このシリーズはテレビアニメ化されている。
また、バイヤール・プレス・グループの雑誌「ジ
ェーム・リール」で、エマニュエル・ギベー
ルとともに「アリオルと友人たち」シリーズ
を発表。こちらもテレビシリーズになっている。

第14条

クネス
Kness

夢中になれるがあまり実用的ではないことをいくつか学んだあと、ポニーを描くことを職業にすると決めた。そこでイラストレーターになったが、それだけにとどまらない。彼女は料理人でもあり、コーギーの子犬とかわいい赤ん坊も育てており、有機栽培の菜園をつくり、ちょっとした魔法を使うこともできる。このほかに、プロジェクトのチーフとして、もう少しまじめな仕事をしている（そのときは、メガネをかけて、眉間にしわを寄せなければならない）。

kness.net

第15条

リオネル・リシュラン
Lionel Richerand

1970年代初頭に、ラ・トロンシュ（イゼール県）で生まれる。幼いころからデッサンでさまざまなものを表現していた。ペナンガン高等グラフィックアート学校と、パリの国立高等装飾美術学校で学ぶ。2001年には26のエピソードからなる人形アニメ『不安なオオカミ』を制作、2003年にはアニメシリーズの『レ・グラボノート』を共同制作、クリスチャン・ヴォルクマン監督の長編映画『ルネッサンス』にも参加した。バイヤール社と

ミラン社ではイラストレーターとして活動しており、グラッセ・ジュネス社からはベルトラン・サンティーニの文章に挿絵を添えた『奇妙なクリスマス・イヴ』を出している。
バンド・デシネの分野では、アキレオス社から『野菜風小話』、ラ・ジョワ・ド・リール社から『新しい海賊たち』、ソレイユ出版社から『森のなか』（「メタモルフォーズ」シリーズ）などを発表。現在、ソレイユ出版社の「メタモルフォーズ」シリーズから2巻本の絵本を出すために、ベルトラン・サンティーニと共同作業を行なっている。そのほか、バンド・デシネのさまざまなプロジェクトも進行中である。

facebook.com/LionelRicherand

第16条

モーモン
Maumont

ユーモア・イラストレーター。
児童書のほかに、一般紙でもイラストを描いている。

maumont.tumblr.com

第**17**条

リュック・デマルシュリエ
Luc Desmarchelier

1965年に、リヨンで生まれる。数年間、リヨンとマルティニークの広告業界で働いたあと、1990年にアニメーションの背景デザイナーとして仕事を開始する。最初はパリ、次にロンドン、最後にロサンゼルスへ移り、その地でドリームワークス・アニメーションとソニー・ピクチャーズ・アニメーションのアートディレクターとなった。彼が手がけた作品には、『プリンス・オブ・エジプト』『エル・ドラド 黄金の都』『シュレック』『スピリット』『ティム・バートンのコープスブライド』『オープン・シーズン』『モンスター・ホテル』といった長編アニメ映画のほかに、『ハットしてキャット』『チャーリーとチョコレート工場』『トゥモローランド』のような映画もある。
現在はフリーの立場で活動するほか、カリフォルニアのラグナ・カレッジ・オブ・アート・アンド・デザインの教授として、イラストレーションとビジュアルデベロップメントを教えている。仕事としての作品と個人的な作品はブログで、関心をもっている銀塩写真とピクトリアリズム写真については写真共有サイトのフリッカーで見ることができる。

ldesmarchelier.com
ushuaiasblog.blogspot.com
harmattansblog.blogspot.com
www.flickr.com/photos/harmattangallery

第**18**条

アリーヌ・ビュロー
Aline Bureau

パリの美術学校エコール・エティエンヌでグラフィックデザインを、国立高等装飾美術学校で版画を学ぶ。1996年から、雑誌記事、子ども向け絵本、小説の挿絵を描いている。注文を受けて制作する作品では、基本的にアクリル絵具やガッシュを使う。より個人的な作品では、デッサンに重きを置いている。
とくに好きなテーマは、ありとあらゆる状態の人物である。創造主になったつもりで遊ぶことが好きで、絵筆の先から「自分がつくった人間」が生まれることに大きな喜びを感じる。少し前から、どこからともなく物語がやってくるようになったため、それらを書きとめたりデッサンによって描写しようと試みているところである。近いうちに、これらの物語を本にして、人びととわかちあいたいと考えている。

alinebureau.blogspot.fr

第19条

マルク・リザノ
Marc Lizano

1970年に、ヴァンヌで生まれる。雑誌、児童書、バンド・デシネに対して、同じくらいの喜びをもって仕事をしている。『三十棺桶島』が大ヒットしたあと、『隠れていた子ども』を出版し（6ヵ国語に翻訳され、23の賞を受賞した）、2015年に『小さな家族』の完全版を出した。その後も、『マルスラン・コメット』（エロディー・シャンタとの共著）、ピエール・ジャケ・エリアスの『誇りの馬』の翻案（ベルトラン・ガリックとの共著）、E・O・プラウエンの『父と息子』をもとにした『父と息子の新しい物語』（ウルフ・Kとの共著）、『モロー寄宿学校』（ブノワ・ブロイヤールとの共著）、『アルセーヌ・ルパン』（ジョエル・ルギャールとの共著）を出版している。時々、パリ植物園内の動物園に、17時までカンガルーを描きに行くことがある。

marc-lizano.weebly.com

キャロル・トレボー
Carole Trébor

フランスの作家で児童文学作家。歴史家やドキュメンタリー映画監督としての作品もある。『ニナ・ヴォルコヴィッチ』シリーズ（全4巻、ガルフストリーム社）が大ヒットしたあと、2015年新学年の文学イベントに『U4』（ナタン＝シロス社）を手に参加した。その後、ラジェオ社から『スヴェトラナ』を出版している。

fr.wikipedia.org/wiki/Carole_Trébor

第20条

グレゴリー・ブロ
Grégory Blot

雑誌や児童書でイラストを描いている。

gregblot.blogspot.fr

第21条

ジュリアン・ロシール
Julien Rossire

1985年に、ローザンヌで生まれる。父親が好んで収集していたアニメーションとベルギーのバンド・デシネに、幼いころからのめりこんでいた。映像と技法に熱中するようになった彼は、かなり早い時期から勉強の方向性を定めて、最初はローザンヌでマルチメディア技術を学んだ。グラフィックデザインとビデオ技術の分野を数年間さまよったあと、アニメーションとバンド・デシネに対する幼いころの思いをとりもどすべく、必然的にパリのアニメ映画専門学校ゴブランに入学した。それなりの経験を積んだ現在、パリに居を構えて、アニメーションのビジュアルデベロップメントを手がけている。

julienrossire.tumblr.com
julienrossire.com

第22条
ヤスミーヌ・ガトー
Yasmine Gateau

ストラスブールのライン川高等美術学校で学び、舞台美術を専攻した。そのとき、劇団や舞踏団と一緒に活動している。2007年から、児童文学の挿絵を描くようになった。現在は、雑誌、書籍、報道の分野で仕事をしている。彼女のイラストは、フランスや外国の定期刊行物（「ル・モンド」紙、「XXI」誌、「バラエティ」誌）によく登場する。

yasminegateau.com

第23条
ニコラ・バニステール
Nicolas Bannister

1973年生まれ。ニッコとの共著に、『ほかの場所から来た子どもたち』と『ティトスとイルダ』（ともにデュピュイ社）がある。2004年から12年まで、年1回アメリカで発行されている短編集「フライト」に寄稿していた。2011年に、グレナ社の雑誌「チョー」で、シナリオと色彩担当のグリマルディと組んで『ティブとタトゥム』の連載を開始する。2013年に描きはじめた「バンカーズ」というイラストシリーズが、インターネット上で大ヒットし、

イラスト集の制作意欲を刺激される。現在、グレナ社からSFシリーズ「エクソダス」を刊行中。

facebook.com/bannister01
bannister01.tumblr.com
facebook.com/TibEtTatoum
facebook.com/banncars
banncars.tumblr.com

第24条
ジェラルド・ゲルレ
Gérald Guerlais

1974年に、ナントで生まれる。国立応用美術学校を卒業。雑誌（バイヤール社、プリスマ社、ミラン社）や絵本（ペール・カストール／フラマリオン社の「わんぱく」シリーズ、フリュリュス社、ゴーティエ=ラングロー社、ドゥ・コック・ドール社、ペンギンブックス社）で挿絵を担当。アニメーションの背景デザイナーでもあり、フランスのスタジオ（フチュリコン、ゴーモン・アニマシオン、シーラム）やアメリカのスタジオ（ソニー）のために仕事をしている。文化交流にも熱心で、国際的なチャリティー団体スケッチトラベルの創始者でもある。美術雑誌「ルイユ」で、毎月連載を担当。アメリカでは、代理店シャノンキッズを通して作品を展示している。

www.geraldguerlais.com

第25条

パスカル・ヴァルデス
Pascal Valdés

専門教育を受けたグラフィックデザイナーでイラストレーター。グラフィックデザイナー、アートディレクター、ストーリーボードアーティスト、あるいは監督として、テレビと映画で数々のアニメーション作品にたずさわってきた。展覧会への出品を依頼されたり、重要なテーマで作品を共同制作するとき、絵筆をもつことができる幸運と、イラストレーションを描く喜びを強く感じている。

pascalvaldes.free.fr

第26条

セバスチャン・プロン
Sébastien Pelon

パリで暮らし、仕事をしている。グラフィックデザイナーで、イラストレーターでもある。デュペレ応用美術学校のグラフィックデザイン・モード・環境芸術科を卒業。ペール・カストール・フラマリオン社のアトリエで数年間働く。現在はフリーの立場で、フラマリオン社、リュ・ド・セーヴル社、ナタン社、マニャール社、ミラン社、オズー社、ラジェオ社、ガリマール社と仕事をしている。絵本、古典作品、シリーズものなど、彼が挿絵を描いた本は多数ある。『マトリョーシカ』『ベファーナ』『ママニ』『ロビン・フッド』『シンドバッド』『インディアンのニトゥ』『湖のブリュヌ』など。

sebastienpelon.com

第27条

ニコラ・デュフォー
Nicolas Duffaut

アルデシュ県オーブナで生まれる。以後、リヨンで暮らしている。子どものころ、部屋の壁に絵を描いていたとき、自分の天職はデッサンをすることだと悟った。

リヨンの応用美術学校エミール・コールで学び、2002年に卒業したあと、イラストレーターになった。アルバン・ミシェル社、サルバカーヌ社、ナタン社、スイユ社、フラマリオン社など、さまざまな出版社でたくさんの児童書の挿絵を描いている。古典的な作品を多く手がけており、それらのなかには、スティーヴン・キングの『ドラゴンの眼』『大きなライオンと小さなウサギ』『長靴をはいた猫』（アルバン・ミシェル社）、『動物たちが寝る前に読んでいるもの』（サルバカーヌ社）などがある。

第28条

ベアトリス・ブーロトン
Béatrice Bourloton

パリの美術学校エコール・エティエンヌでイラストレーションを学んだあと、アニメ映画専門学校ゴブランを卒業する。その後、雇われて働く大勢の人がいわば母港のように拠点としているアニメーション業界という魔法の島で、キャラクターデザイナーとコンセプトアーティストとして働いた。片目の猫ドリアンとともにパリに住んでいる彼女は、現在、最初の児童書を制作中で、書いたり描いたりしたい無数の考えを、ゆっくりと煮つめているところである。

reinedescanards.deviantart.com

第29条

ジャッジ
Jazzi

ストラスブールの高等装飾美術学校で学び、クロード・ラポワントのアトリエでイラストレーションを専攻した。ヴィヴェンディ・ユニバーサルのゲーム式教育CD-ROMの背景画の制作に2年間たずさわったあと、子ども向けの雑誌や本のイラストレーターになる。さまざまな出版社（アシェット社、アティエ社、ナタン社、フリュリュス・プレス、バイヤール社）で、定期的に作品を発表。2009年以降、絵に対する情熱を学生たちとわかちあうべく、パリのバンド・デシネ学校CESANでイラストレーションを教えている。

jazzillus.canalblog.com
jazzi.ultra-book.com

第30条

ピエール・アラリー
Pierre Alary

1970年に、パリで生まれる。パリのアニメ映画専門学校ゴブランで学び、1993年に卒業。その後、モントルイユのディズニー・スタジオに入り、10年間、最初はアニメーター助手として、のちにアニメーターとして働いた。また、17年前からバンド・デシネを描いており、『ベラドーヌ』や『サイラス・コーリー』など、15冊ほどの作品を出している。敬意をこめて。

pierrealary.blogspot.fr

文献一覧

書籍

アーレント、ハンナ 『全体主義の起源』（1951年）、パリ、ポワン社、「エセー」叢書、2010年、全3巻
『人間の条件』（1958年）、パリ、ポケット社、「エヴォリュシオン」叢書、2002年
「自由とはなにか」、『文化の危機』（1961年）、パリ、ガリマール社、「フォリオ・エセー」叢書、1989年

アラン 「平等」（1907年10月18日）、フランシス・カプラン編『権力に関する言葉、政治倫理の基本原理』、パリ、ガリマール社、「フォリオ・エセー」叢書、1985年

アロン、レイモン 「社会学的思考と人権」、『政治研究』、パリ、ガリマール社、「人文科学」叢書、1972年

ヴェイユ、シモーヌ 『根をもつこと、人間に対する義務宣言へのプレリュード』（1949年）、パリ、ガリマール社、「フォリオ・エセー」叢書、1990年

ヴォルテール 『哲学辞典』（1764年）、パリ、ガリマール社、「フォリオ・クラシック」叢書、1994年

エウリピデス 『ヘラクレス、嘆願する女たち、イオン』（前5世紀）、『悲劇』、第3巻、パリ、レ・ベル・レットル社、ギリシア・シリーズ、2003年

エチェベリア、エステバン 『五月協会の社会主義的見解』、1838年

エラスムス 『子どもの教育について』（1529年）、パリ、クリンクシーク社、「教育哲学」叢書、2000年

エンゲルス、フリードリヒ アウグスト・ベーベルへの手紙、1875年3月18〜28日、フリードリヒ・エンゲルス＆カール・マルクス『ゴータ綱領批判・エルフルト綱領批判』所収、パリ、エディシオン・ソシアル社、1972年

岡村司 『法学通論』、19世紀

カサン、ルネ 世界人権宣言の採択前日に国際連合総会で行なった演説、1948年12月9日

カステル、ロベール 『社会の安全と不安全 保護されるとはどういうことか』、パリ、スイユ社、「思想の共和国」叢書、2003年

カミュ、アルベール 『アルジェリアの記録、1939〜58年』、パリ、ガリマール社、「フォリオ・エセー」叢書、2002年
『ペスト』（1947年）、パリ、プラン＝ガリマール社、「クラシコ・リセ」叢書、2012年

カント、イマヌエル 『教育学』（1776〜87年）、パリ、ヴラン社、「哲学作品」叢書、1990年
『人倫の形而上学』（1795年）、パリ、フラマリオン社、「GF」叢書、1999年、第1巻『基礎・序説』、第2巻『法論・徳論』

キケロ 『義務について』（前44年）、パリ、ファイヤール＝ミル・エ・ユンヌ・ニュイ社、2011年

クロポトキン、ピョートル 『ある反逆者の言葉』（1895年）、ヴァッサード社、2013年

孔子 『論語』（前400年ころ）、パリ、フラマリオン社、「GF」叢書、1994年

コーラン、24章（アン・ヌール［御光］章）

国際労働機関（ILO）『社会保障入門』、国際労働機関事務局、1984年

コメニウス、ヨハネス・アモス 『光の道』、1642〜68年

コルニュ、ジェラール フィリップ・デュボワの論文『人間の自然性』の序文、パリ、エコノミカ社、「民法」叢書、「研究と記録」シリーズ、1986年

コンスタン、バンジャマン 『現代人の自由と比較した古代人の自由について』（1819年）、パリ、ミル・エ・ユンヌ・ニュイ社、2010年

コント＝スポンヴィル、アンドレ 「機会均等」、『共和主義案内、現在の共和主義思想』、パリ、セラン＝CNDP／ドラグラーヴ社、2004年

コンドルセ、ニコラ・ド 『ビエンヌの牧師シュヴァルツ氏による黒人奴隷制度に関する考察』（1781年）、ヌーシャテル＝パリ、フルレ社、1788年、改訂新版
『テュルゴー氏の生涯』（1786年）、アメリカ、ナブー・プレス、2010年

『人間精神の進歩に関する歴史的展望の素描』（1793〜94年）、パリ、フラマリオン社、「GF」叢書、1998年

シール＝マルタン、エヴリーヌ 「認められた法的人格」、「人間と自由」誌、No.139付録、2007年7月・8月・9月

シエイエス、アベ 『憲法前文。人および市民の権利の承認および理論的解説』、憲法委員会で読みあげられたもの、1789年7月20日・21日

ジャコブ、フランソワ 『可能性への賭け、生物多様性に関する試論』（1981年）、パリ、ル・リーヴル・ド・ポッシュ社、1986年

シュナペール、ドミニク 『市民権とはなにか』（クリスチャン・バシュリエとの共著）、パリ、ガリマール社、「未刊のフォリオ・アクチュエル」叢書、2000年

ジョクール、ルイ・ド 「自然的平等」と「隷属」、『百科全書、または学問・芸術・工芸の合理的辞典』、ディドロ＆ダランベール編、1751〜72年

シラー、フリードリヒ・フォン 『三十年戦争史』（1790年）、ウラン・プレス、2012年

『隋書刑法志』（629〜644年ころ）、パリ、中国高等研究所図書館、1954年、第9巻

スタンダール 『ローマ、ナポリ、フィレンツェ』（1817年、1826年第3版）、パリ、ガリマール社、「フォリオ・クラシック」叢書、1987年

スピノザ、バールーフ 『神学・政治論』（1670年）、パリ、フラマリオン社、「GF」叢書、1997年

セルジュ、ヴィクトル 『一革命家の回想と、そのほか政治に関する文章（1908〜47年）』（1951年）、パリ、ロベール・ラフォン社、「ブカン」叢書、2001年

ゾラ、エミール 「私は告発する！ 共和国大統領への手紙」、「オーロール」紙、1898年1月13日

ダン、ジョン 『不意に発生する事態に関する瞑想』、1624年

ディドロ、ドゥニ 「亡命者」、『百科全書、または学問・芸術・工芸の合理的辞典』、ディ

ドロ&ダランベール編、パリ、フラマリオン社、「GF」叢書、第1巻・第2巻、1993年
『大原則への手引き、あるいは、ある哲学者の受容』、パリ、1762年

デュビー、ジョルジュ 『中世の結婚 騎士・女性・司祭』(1981年)、パリ、ファイヤール社、「ブリュリエル」叢書、2012年

テュルゴー、アンヌ=ロベール=ジャック 『同業組合廃止に関する勅令』、ヴェルサイユ、1776年2月

トクヴィル、アレクシス・ド 『アメリカのデモクラシー』(1835〜40年)、パリ、フラマリオン社、「GF」叢書、2010年

ニーチェ、フリードリヒ 『漂泊者とその影』(1880年)、ラ・ビブリオテーク・ディジタル、2013年

バクーニン、ミハイル 『自由』(1867年)、『全集』、パリ、イヴレア社、「シャン・リーブル」叢書、1974年

バダンテール、エリザベート 『男は女、女は男』(2002年)、パリ、ル・リーヴル・ド・ポッシュ社、2005年

バルボーザ、ルイ 『共和国憲法注釈』、1891年

ブーヴィエ、ニコラ 『世界の使い方』(1963年)、パリ、ラ・デクヴェルト社、「文学と旅」叢書、2014年

プーシキン、アレクサンドル 『自由へのオード』、1817年

プルードン、ピエール=ジョゼフ 『革命家の告白、二月革命史のために』(1849年)、ジュネーヴ=パリ、スラトキン社、1982年

フロイト、ジークムント 『文化への不満』(1930年)、パリ、PUF、「カドリージュ」叢書、2015年

ヘーゲル、ゲオルク・ヴィルヘルム・フリードリヒ 『美学講義』(1835〜37年)、パリ、ル・リーヴル・ド・ポッシュ社、「哲学古典」叢書、1997年

ベッカリーア、チェーザレ 『犯罪と刑罰』(1764年)、パリ、フラマリオン社、「GF」叢書、2006年

ヘルダー、ヨハン・ゴットフリート 『人間性促進のための書簡』(1793〜97年)、『歴史と文化、もうひとつの歴史哲学』所収、パリ、フラマリオン社、「GF」叢書、2000年

ボードリヤール、ジャン 『消費社会の神話と構造』(1970年)、パリ、ガリマール社、「フォリオ・エセー」叢書、1986年

マルクス、カール 『資本論』(1867年)、パリ、ガリマール社、「フォリオ・エセー」叢書、2008年

マルクス、カール
エンゲルス、フリードリヒ 『聖家族、あるいは批判的批判の批判、ブルーノ・バウアーとその一味への反対』(1845年)、パリ、エディシオン・ソシアル社、1972年

マルブランシュ、ニコラ 『道徳論』(1684年)、パリ、フラマリオン社、「GF」叢書、1999年

ミル、ジョン・スチュアート 『自由論』(1859年)、パリ、ガリマール社、「フォリオ・エセー」叢書、1990年

モンテーニュ、ミシェル・ド 『エセー』(1580〜88年)、パリ、ポケット社、「古典」叢書、2009年

モンテスキュー 『法の精神、選集』(1748年)、パリ、フラマリオン社、「GF」叢書、2013年

ユゴー、ヴィクトル 『海に働く人びと』(1866年)、パリ、フラマリオン社、「GF」叢書、2012年
「亡命とはなにか」、『亡命中の言行録』(1875年)、パリ、トレディシオン社、「トレディシオン・クラシック」叢書、2012年
『権利と法律、そのほか市民に関する文章』、パリ、10/18社、「フランス分野」叢書、2002年

ラッセル、バートランド 『怠惰への讃歌』(1932年)、パリ、アリア社、「小コレクション」叢書、2002年

ラファルグ、ポール 『怠ける権利』(1880年)、パリ、ミル・エ・ユンヌ・ニュイ社、1994年

ラボリ、アンリ 『逃避への讃歌』(1976年)、パリ、ガリマール社、「フォリオ・エセー」叢書、1985年

ルイス、ロイ 『なぜ、私は父親を食べたのか』(1960年)、パリ、ポケット社、2012年

ルヴェル、ジャン=フランソワ 『反検閲』、パリ、ジャン=ジャック・ポヴェール社、1966年

ルソー、ジャン=ジャック 『社会契約論、あるいは政治的権利の原理』(1762年)、パリ、フラマリオン社、「GF」叢書、2011年

ロザンヴァロン、ピエール 『連帯の新たなる哲学 福祉国家再考』(1995年)、パリ、ポワン社、「エセー」叢書、2015年

ロック、ジョン 『市民政府論』(1690年)、パリ、フラマリオン社、「GF」叢書、1999年

法律文書

1789年の人間と市民の権利の宣言

1793年6月24日の憲法、人間と市民の権利の宣言

アソシアシオン契約に関する1901年7月1日の法律

拷問およびその他の残虐な、非人道的または品位を傷つけるあつかいや刑罰に関する条約、その調印、批准、加入を、国際連合総会が1984年12月10日の決議39/46で採択したもの

人権と基本的自由の保護のための条約、ローマ、1950年11月4日

政教分離法、1905年12月9日

農業以外の職業に従事する人びとに適用される社会保険制度を定めた1945年10月19日の法令45-2454

あとがき

　本書は、2016年にシェーヌ社からフランス語で出版され、2018年に創元社からその日本語訳が出版された『ビジュアル版　世界人権宣言』に英語訳を加え、日・英・仏の三言語版として、みなさまへお届けする本です*。英訳には、国際基督教大学（ICU）のプロジェクトとして、学生有志が、教員のアドヴァイスを受けながら取り組みました。

　ICUの学生は、入学時に全員、世界人権宣言の原則に立って学生生活を送ることを宣誓します。この伝統は1953年の第1回入学式から続いています。1953年5月には、合衆国第32代大統領夫人で、1948年に国連が採択した世界人権宣言の起草にあたり中心的な役割を果たしたエレノア・ルーズベルトがICUを訪れ、人間の権利（人権）と自由について学生に語りかけました。

　私たちには、お互いの尊厳を守りながら、自由に、幸福に生きる権利があります。日本を含め、世界には、その権利を比較的多く保証されている人もいれば、その権利をほとんど剥奪されている人もいます。私たちが生きる喜びを感じ、互いを尊重しあいながら、生きているという実感を持つために、何を大切にする必要があるのか、何をないがしろにしてはいけないのか、それを知っておくことは重要です。

　英語への翻訳プロジェクトは、なによりもまず、私たち学生が、より深く、世界人権宣言について考えるきっかけとなる題材を提供することを目的として始まりました。ICUは日英バイリンガルの大学で、日本語やフランス語が母語ではない学生も学んでいます。本書の内容を共に享受するために、英語のヴァージョンを作成しました。

　英訳を加えたことで、本書のすばらしい内容が、よりグローバルに共有されたら嬉しく思います。そして、読者の方一人ひとりが、社会について、人生について考えるとき、本書の言葉とイメージが、新しい発見に繋がることを願っています。

翻訳プロジェクト・グループ一同

＊「イラストレーター紹介」や「文献一覧」など、一部日本語のみの箇所があります。

Postscript

This volume constitutes a trilingual edition comprising the French version of the Universal Declaration of Human Rights, published by Chêne publishing house in 2016, the Japanese translation of this that was published by Sōgensha, to which we have added an English translation*. The English translation was created by a group of student volunteers at International Christian University (ICU) who were advised by some faculty members.

At the ICU matriculation ceremony, all students sign a pledge in which they commit themselves to a student life based on the values encapsulated in the Universal Declaration of Human Rights. This tradition has been maintained since the very first matriculation ceremony in 1953. In May of that year, ICU received a visit from Eleanor Roosevelt, wife of the 32nd President of the United States of America who was highly influential in the 1948 drafting of the UN Universal Declaration of Human Rights, where she spoke to students at length about human rights and freedom.

We all have the right, whilst respecting the right to dignity that accrues to all human beings, to live with freedom and happiness. Not just in Japan, but in the world at large, there are those whose access to these rights are relatively well protected; but there are others who are deprived of such safeguards. In order for us to experience the true sense of being alive – to experience the joys of living whilst respecting each other, it is important that we recognize what is important, what we must not ignore.

We students embarked on this translation project, first and foremost, in an attempt to provide materials to assist us in thinking more deeply about the declaration of human rights. ICU is a university committed to bilingual education in Japanese and English, and there are some students whose mother tongue is neither Japanese nor French. It was to enable these students too to enjoy the contents of this work that we decided to create this English version.

It is our profound hope that, thanks to this English translation, the amazing contents of this book will be shared with many more people around the globe. We also hope that, as each and every reader thinks about society and the meaning of life, each word and each image in this volume will lead to new discoveries.

The translation team

---

* Some parts, such as "Introduction of Illustrators" and " Bibliography", are only listed in Japanese.

謝辞

シェーヌ出版社は、本書に協力してくれたすべてのイラストレーターに、心からの感謝を捧げる。彼らの寛大さ、才能、情熱によって、このすばらしい作品が誕生した。

【訳者紹介】

遠藤ゆかり（えんどう　ゆかり）

上智大学文学部フランス文学科卒。訳書に「知の再発見双書」シリーズ、『シュルレアリスム辞典』『世界図書館遺産』『ビジュアル版　女性の権利宣言』『ビジュアル版　子どもの権利宣言』（いずれも創元社）、『フランスの歴史［近現代史］』（明石書店）などがある。

[国際基督教大学　翻訳プロジェクト参加学生]

Coordinator　Ayako Iwasaki

Aki Ooka
Amane Motohashi
An Kuninaka
Asako Jindo
Chigusa Horiuchi
Chrisanne Moral Tuano

Eiji Nakato
Grant Minoru Nieda
Hanako Nakamura
Haruna Kakubari
Haruno Shiomi
Himawari Morita

Irumi Kato
Kanako Matsuyama
Kenta Morofushi
Manami Wada
Marija Zjalic
Marina Hirosawa
Mayu Taniguchi
Mina Kobayashi
Mizuki Ichikawa
Namika Hamahashi
Nanami Kanai
Natsumi Kato
Riho Uchigasaki
Rika Asakura

Rio Nakano
Risa Takeyama
Runa Hino
Sae Shima
Sakurako Matsuo
Sarasa Kikuchi
Shuji Ri
Tomo Nelson
Tsumugi Tamura
Velonorosoa Naomy Helinirina
Waka Tambara
Yuniba Katsuo
Yuori Doimoto
Yuri Nagasaka

Rien à déclarer ? Si ! Les droits de l'homme © 2016,
HACHETTE LIVRE (EPA).
Editor in chief : Gerald Guerlais
Trilingual edition arranged through Tuttle Mori Agency.

日英仏3言語 ビジュアル版 世界人権宣言

2022年4月10日　第1版第1刷　発行

英　訳	国際基督教大学
日　訳	遠藤ゆかり
発行者	矢部敬一
発行所	株式会社 創元社

https://www.sogensha.co.jp/
本社　〒541-0047 大阪市中央区淡路町4-3-6
Tel.06-6231-9010 Fax.06-6233-3111
東京支店　〒101-0051　東京都千代田区神田神保町1-2 田辺ビル
Tel.03-6811-0662

装丁・組版	寺村隆史
印刷所	図書印刷株式会社

© 2022, Printed in Japan　　ISBN978-4-422-32031-1 C0036